»FANTASTISCH PRAKTISCH«

NÄHEN für Kids

DOWNTOWN
BROOKLYN

Swantje Lindemann

»FANTASTISCH PRAKTISCH« NÄHEN für Kids

Kunterbunte Alltagshelfer für die Kleinsten

EMF
EIN BUCH DER EDITION MICHAEL FISCHER

INHALT

ÜBERSICHT

ROAAR! HÜÜÜH! PIEPS!
SHIRT INDIVIDUALISIEREN

HALSSOCKE TJADE

SONNENHUT SUNNY

BASTELSCHÜRZE TAMMO

BÜCHLEINTASCHE TRIXI

KÖRNERKISSEN MILOU

KÜHLKISSEN AUTSCHBÄR

SITZKISSEN TIGER KIM

WAND-UTENSILO PAOLA

AUTO-UTENSILO
FLITZIKATO

ZEICHENMAPPE
PEPITA

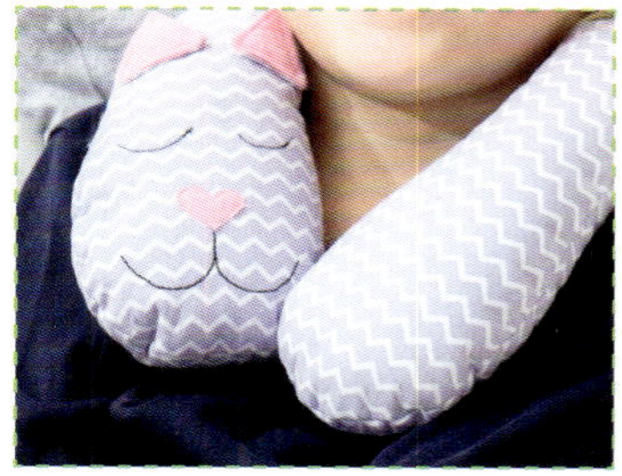

NACKENROLLE
VALERIE

SATTELSCHUTZ
PÜNKTCHEN

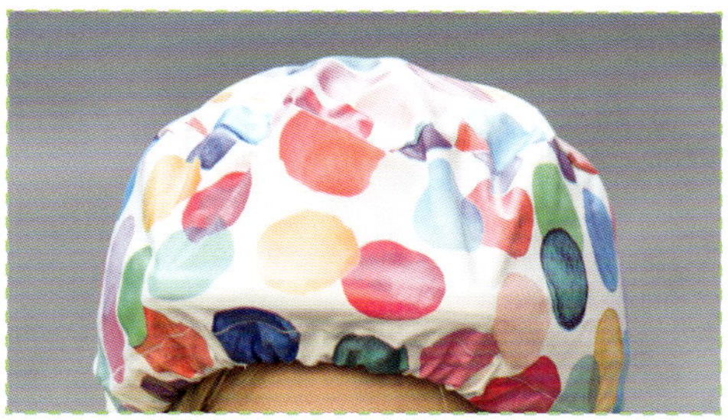

HELMSCHUTZ ANTON

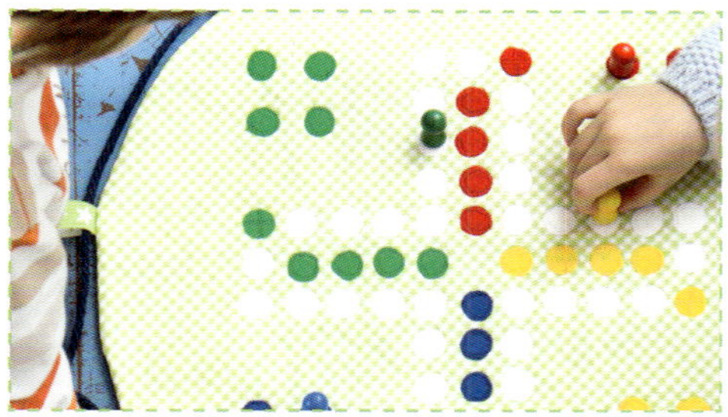

SPIELBOGEN-DECKE

STOFFBUCH MERLU

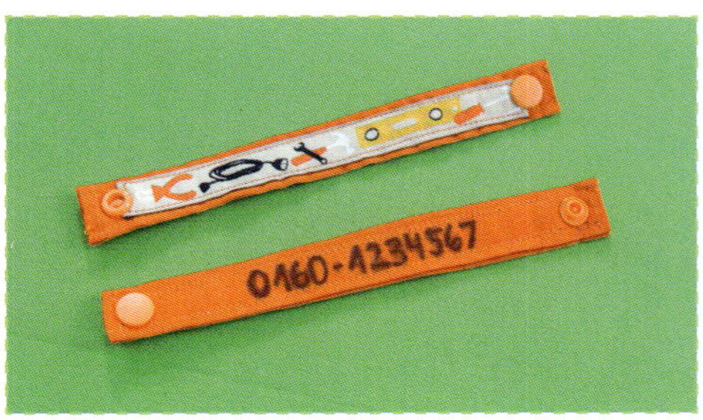

NOTFALLARMBAND TOMKE

FALTMATTE JOSHI

SCHLÜSSELBAND LIESBETH

VORWORT

Als Mama von drei kleinen Kindern liebe ich das Praktische. Kein Chichi, sondern funktionelle Dinge lassen mein Herz höher schlagen. Und wenn diese Sachen auch noch süß aussehen und mit Liebe gemacht sind, dann freut es nicht nur die Mama, sondern auch die Kids.

Wenn Sie durch dieses Buch blättern, werden Sie bemerken, dass viele Projekte erst auf den zweiten Blick ihre Funktion offenbaren. Die Notfall-armbänder (S. 101) sehen erst einmal total cool aus, verbergen aber die Telefonnummer von Mama, falls das Kind mal verloren geht. An das Kuschelschaf Milou (S. 49) kann man sich nicht nur anschmiegen – es hat in seinem Inneren viele Dinkelkerne, die, kurz erwärmt, bei jeder Art von Bauchweh helfen. Und Applikationen (S. 27) sehen nicht nur schick aus, sondern verdecken auch mal einen Fleck oder ein Loch in der Kleidung.

Ganz gleich, ob Sie sich wegen der Optik oder der Funktion für ein Projekt entscheiden – wichtig ist: Sie haben Spaß beim Nähen und Verschenken. Dann dürfen Sie sich obendrein über glückliche Kinderaugen freuen.

Herzlichst,

Ihre

Swantje Lindemann

GRUNDLAGEN

NÄHEN

BEVOR SIE LOSLEGEN

Bevor Sie sich dem Nähen widmen, sollten Sie überprüfen, ob Sie alles bereithaben, was Sie für Ihr Projekt benötigen. Vielleicht haben Sie ja die Möglichkeit, eine kleine Nähecke mit eigenem Tisch im Arbeits- oder Schlafzimmer einzurichten. So können Sie Ihre Näharbeit unterbrechen, die begonnenen Projekte einfach mal liegen lassen und zu einem späteren Zeitpunkt weitermachen. Ansonsten bietet es sich an, alle Utensilien immer „aufgeräumt" in einer Nähtasche aufzubewahren. Das ist viel praktischer, als vor jeder Näh-Session wieder alles zusammensuchen zu müssen, und Scheren, Maßband und anderes Zubehör haben einen festen Platz.

SCHWIERIGKEITSSTUFEN

Damit Sie sich besser zurechtfinden in diesem Buch, wurden die einzelnen Projekte verschiedenen Schwierigkeitsstufen zugeordnet:

★ – für Nähanfänger geeignet

★★ – grundlegende Nähkenntnisse vorausgesetzt

★★★ – gute Nähkenntnisse vorausgesetzt

WERKZEUG

Für die Projekte in diesem Buch brauchen Sie:

- ein Maßband zum Abmessen
- ein Lineal oder noch besser ein Rollschneider-Lineal
- eine große Stoffschere zum Zuschneiden oder einen Rollschneider (und für diesen eine Schneidematte)
- eine kleine, spitze Handarbeitsschere zum Herausschneiden der Keile in gerundeten Nahtzugaben, zum Abschneiden von Fäden und für alle Näharbeiten von Hand
- eine Allzweckschere zum Zuschneiden aller anderen Materialien wie Schnittmusterpapier, Wachstuch, transparente Folie und Klettband
- ein Hilfsmittel zum Ausformen von Kanten und Ecken (z. B. eine Häkelnadel)
- Kopier- oder Transparentpapier und Kopierrädchen zum Übertragen von Schnittmustern und Markierungen
- Schneiderkreide und Trickmarker zum Aufzeichnen auf Stoff
- einen Nahttrenner zum Auftrennen
- Stecknadeln
- Wäscheklammern oder Stoffclips zum Zusammenhalten von Wachstuch und transparenter Folie
- Handnähnadeln z. B. zum Knopfannähen
- Bügeleisen mit Dampffunktion zum Glätten der Stoffe, zum Aufbügeln von Vlies und für verschiedene Bügelarbeiten
- eine Druckknopfzange zum Anbringen von Druckknöpfen
- und zu guter Letzt: Eine Nähmaschine – Anfänger können sich zum Ausprobieren auch erst einmal eine ausleihen. Wenn Sie gerne mit einer eigenen Maschine durchstarten möchten, dann reicht für den Anfang ein einfaches Modell.

MATERIAL

BAUMWOLLSTOFF

Die meisten im Buch verwendeten Stoffe sind aus Baumwolle – sie sind robust und leicht zu verarbeiten. Außerdem lassen sich auch ausgediente Kleidungsstücke aus Baumwolle gut wiederverwerten. Vielleicht hängen ja bei Ihnen im Schrank noch alte Hemden oder Röcke, die man mit ein paar Schnitten in tolle Utensilos verwandeln kann. Ein besonderes Highlight ist vielleicht auch ein zu klein gewordener Lieblingspullover, dem durch Upcycling neues Leben eingehaucht und der so wieder zum liebsten Begleiter wird.

JERSEY-/SWEATSHIRTSTOFF

Jersey ist ein weicher und elastischer Stoff und sehr im Trend. Beim Zuschnitt ist zu beachten, die Teile im richtigen Faden- bzw. Maschenlauf aufzulegen. Bei den meisten Projekten aus Jersey soll sich der Stoff in der Querrichtung dehnen. Legen Sie also das Schnittmuster so auf, dass das Teil später in der Breite elastisch ist. Bei sehr dünnen Jerseystoffen sollten Sie eine größere Stichbreite an der Nähmaschine einstellen, damit keine Löcher im Stoff entstehen. Generell sollten Jerseystoffe mit einem elastischen Stich genäht werden, dabei darf kein Zug auf den Stoff ausgeübt werden. Hilfreich sind außerdem spezielle Jerseynadeln für die Maschine, sie haben eine abgerundete Spitze und verursachen keine Löcher im Stoff, wie es bei scharfen Spitzen der Fall ist. Diese Nadeln werden wie üblich in die Nähmaschine eingesetzt und eingefädelt.

STOFFRESTE

Stoffreste eignen sich hervorragend für kleine Applikationen (siehe S. 27), Sie können auch Kissen wie das Modell Tiger Kim (siehe S. 57) damit füllen. Aus Stoffresten, die nicht mehr zum Nähen gebraucht werden, lassen sich gemeinsam mit Kindern noch viele tolle Dinge machen. Aus dünnen Streifen kann man schöne Armbänder flechten, und kleine Stoffschnipsel eignen sich prima zum Gestalten von Karten oder Bildern (einfach aufkleben).

WACHSTUCH / TRANSPARENTE FOLIE

Wachstuch und Folie lassen sich mit ein paar Tricks gut verarbeiten. Verwenden Sie dafür keine Stecknadeln, sondern am besten Wäscheklammern oder Stoffclips, um Löcher zu vermeiden. Aus dem Grund sollten Sie auch möglichst keine Nähte auftrennen, sonst sieht man später die Einstichstellen. Arbeiten Sie also möglichst präzise und lieber etwas langsamer, damit zum Schluss alles genauso professionell aussieht wie bei normalem Stoff. Falls das Wachstuch am Nähfuß haften bleibt, legen Sie dünnes Butterbrotpapier zwischen Wachstuch und Nähfuß, so gleitet das Material beim Nähen besser. Das Papier lässt sich leicht wieder entfernen. Alternativ könnten Sie auch ein Stückchen Klebeband an der Unterseite des Nähfußes befestigen.

VLIESEINLAGE

Manche Schnittteile werden mit Vlieseinlage verstärkt, um ihnen mehr Stabilität zu verleihen. Dabei ist es wichtig, die Herstellerangaben zum Aufbügeln zu beachten. Aufbügelbares dünnes Vlies ist genauso wie das dickere Volumenvlies leicht zu handhaben. Dazu legen Sie auf die linke Seite des Stoffs die beschichtete (Klebe-) Seite des Vlieses. Legen Sie darauf ein feuchtes Baumwolltuch und bügeln Sie mit leichtem Druck. Verbleiben Sie auf den einzelnen Stellen jeweils etwa 10 Sekunden. Wenn das Teil etwas abgekühlt ist, überprüfen Sie, ob das Vlies wirklich überall fest am Stoff klebt. Wenn nicht, wiederholen Sie den Bügelvorgang. Ähnlich funktioniert auch das Aufbringen von Vliesofix (doppelseitig, für Applikationen) oder Schabrackeneinlagen. Letztere sind sehr fest und eignen sich zum Beipiel perfekt zum Stabilisieren von Taschen, die formbeständig bleiben sollen. Extra-Tipp: Eine Einlage, die beides – Volumen und Festigkeit – beinhaltet, ist ein handelsübliches Bodentuch. Es kann zwar nicht aufgebügelt werden, lässt sich aber gut verarbeiten – und man bekommt es in jedem Supermarkt.

100 m

TECHNIKEN

SCHNITTMUSTER

Jedes Projekt in diesem Buch besteht aus mehreren Schnittteilen. Einige werden in der Anleitung nur mit Maßen angegeben, andere sind als Vorlage auf dem Schnittmusterbogen zu finden.

FESTSTECKEN

Zum Nähen sind Stecknadeln unverzichtbar. Sie helfen dabei, Stoffteile präzise zu verbinden, und erleichtern das Nähen sowohl von Hand als auch mit der Nähmaschine. An vielen Stellen ist es sinnvoll, die Stecknadeln quer zur Naht und mit den Köpfen zur Stoffkante hin zu befestigen. So können Sie an kniffligen Stellen auch die Nadeln stecken lassen und vorsichtig darübernähen. Ansonsten entfernen Sie die Nadeln beim Steppen einfach, kurz bevor sie auf den Nähfuß treffen. Als Alternative zu Stecknadeln haben sich Wäscheklammern oder Stoffclips bewährt. Damit bleiben gerade bei empfindlichen Stoffen oder Materialien wie Wachstuch keine Löcher zurück. Auch sehr dicke Lagen lassen sich mit Klammern leichter zusammenhalten.

ÖFFNUNGEN VON HAND SCHLIEßEN

Hier kommt der Matratzenstich zum Einsatz: Mit ihm kann man zwei Stoffteile möglichst unsichtbar verbinden. Mit farblich passendem Garn nähen, die Nahtzugaben nach innen einschlagen, an einer Bruchkante zwischen den Stofflagen beginnen. Faden mit Knoten verankern, genau in der Fortsetzung der Naht ausstechen, dann gegenüber auf der anderen Seite einstechen und Nadel einige Millimeter hohl durch den Umschlag führen und ausstechen. Wieder gegenüber einstechen und Nadel hohl durch den Umschlag führen. Faden nicht zu stark anziehen und kurze Stiche nähen.

NAHTBREITE (1)

Die Nahtbreite für die Projekte in diesem Buch beträgt 1 cm. Um die Nahtbreite auch beim Nähen einzuhalten, orientieren Sie sich am besten an den vorgegebenen Markierungen auf der Stichplatte der Nähmaschine. Falls keine vorhanden sind, messen Sie von der Nadel aus nach rechts 1 cm ab und markieren diese Stelle z. B. mit einem farbigen Klebestreifen (Masking Tape). Einige Teile werden knappkantig abgesteppt, um eine Kante zusätzlich zu stabilisieren oder auch zu betonen. Das bedeutet, dass Sie sich nicht an der 1-cm-Markierung orientieren, sondern knapp entlang des Nahtrands nähen sollten. Damit auch diese Naht schön gerade wird, verwenden Sie als Hilfslinie z. B. die rechte Kante an der inneren Aussparung des Nähfußes.

ECKEN NÄHEN (2)

Mit einem kleinen Trick ist es ganz einfach, eine Ecke akkurat zu nähen. Steppen Sie die letzten Stiche vor der Ecke langsam. Verringern Sie ggf. die Stichlänge, um den Eckpunkt exakt zu treffen. Halten Sie 1 cm vor der Ecke an und lassen Sie die Nadel im Stoff stecken. Dann heben Sie den Nähfuß an und drehen nun den Stoff so weit, bis die neue Kante wieder genau an der 1-cm-Markierung liegt. Nähfuß wieder absenken und wie üblich weiternähen.

NÄHEN

Die meisten Projekte in diesem Buch werden mit Geradstich genäht, auch Steppstich genannt. Für einige Applikationen wurde ein enger Zickzackstich verwendet. Jede Haushalts-Nähmaschine verfügt über diese Stiche. Die Halssocke Tjade (S. 31) wurde mit einem elastischen Stich genäht, da sie dehnbar sein muss.

Markierung 1cm Nahtbreite

Knappkantig

ZUSCHNEIDEN

Alle Schnittteile, sowohl die auf dem Schnittmusterbogen als auch jene, die Sie anhand der angegebenen Maße auf den Stoff übertragen, enthalten bereits eine Nahtzugabe von 1 cm, sodass sie nach dem Aufzeichnen direkt zugeschnitten und verarbeitet werden können. Die Nackenrolle Valerie (S. 79) wird im Stoffbruch zugeschnitten. Dazu falten Sie den Stoff, legen das Schnittmuster an die Bruchkante an und schneiden durch beide Stofflagen. Das können Sie bei allen symmetrisch geformten Teilen machen.

REIẞVERSCHLUSS EINNÄHEN

Am besten verwenden Sie dazu einen Reißverschlussfuß. Bei Reißverschlüssen aus weicherem Kunststoff ist das Nähen manchmal auch ohne Spezialfuß möglich, es empfiehlt sich in diesem Fall aber, eine Nähprobe zu machen.
So kommt man am Schieber vorbei: Nähen Sie entlang des Reißverschlusses bis zum Schieber. Lassen Sie die Nadel im Stoff stecken und führen Sie den Schieber am Nähfuß vorbei. Dann können Sie wie gewohnt weiternähen.

DRUCKKNÖPFE ANBRINGEN

In diesem Buch werden Kunststoffdruckknöpfe verwendet. Diese sind schnell und einfach befestigt. Zum Anbringen benötigen Sie eine spezielle Vario- oder Druckknopfzange. Knipsen Sie zunächst ein Loch in die gewünschte Stelle. In dieses schieben Sie dann ein Druckknopfteil mit Dorn. Auf die andere Seite stecken Sie ein Druckknopfteil mit Loch. Mit der Zange und dem entsprechenden Aufsatz ansetzen und kräftig zudrücken. Dadurch wird der Dorn flach gedrückt und die beiden Teile miteinander verbunden. Das Ganze wiederholen Sie auf dem gegenüberliegenden Stoffteil mit den entsprechenden Gegenstücken.

SCHRÄGBAND HERSTELLEN (1)

Schrägband kann man mit einem Schrägbandformer auch wunderbar selber herstellen. Dazu vorzugsweise aus einem dehnbaren Stoff einen breiten Streifen im 45°-Winkel zur Webkante zuschneiden (1a). Die Breite des Streifens sollte doppelt so breit sein wie die Zahl, die auf dem Schrägbandformer angegeben ist. Nun die kurze Seite durch den Schrägbandformer fädeln und gleichmäßig auf der anderen Seite herausziehen (links auf links). Die langen Seiten des Bandes berühren sich dabei mittig. Bügeln Sie das geformte Ende direkt mit der Dampffunktion des Bügeleisens (1b). Benötigen Sie einen längeren Streifen, können Sie auch zwei Streifen vor dem Formen zusammennähen. Dazu die Enden der Streifen im 45°-Winkel abschneiden. Legen Sie die kurzen Kanten so rechts auf rechts aufeinander, dass die Streifen einen rechten Winkel bilden und nähen Sie diese von Ecke zu Ecke knappkantig zusammen. Aufklappen und die Nahtzugabe auseinanderbügeln. Schneiden Sie die überstehenden Ecken gerade ab. Nun wie oben beschrieben weiter verfahren.

RUNDUNGEN NÄHEN (2)

Für eine schöne Rundung etwas langsamer nähen und das Stoffteil mit den Händen gleichmäßig führen. Achten Sie darauf, dass der Abstand der Nähnadel zur Kante immer 1 cm beträgt. Auch dabei ggf. die Nadel im Stoff stecken lassen, Nähfuß anheben und den Stoff wieder etwas weiter um die Kurve schieben. Nähfuß senken und wieder langsam weiternähen.

INDIVIDUALISIEREN

Alle Projekte lassen sich individuell gestalten. So können Sie beispielsweise den Namen des Kinds auf das gewünschte Teil applizieren oder das Lieblingstier aufsticken oder aus Filz aufnähen.

1a

1b

2a

2b

Schrägband

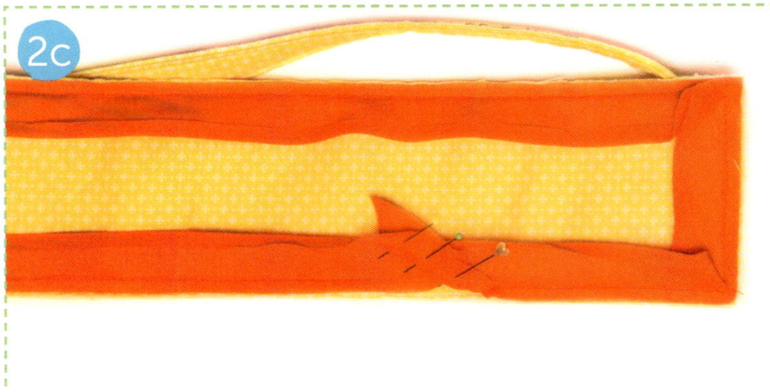

1. Klappen Sie das Schrägband auf und legen Sie es bündig rechts auf rechts an die Kante, die eingefasst werden soll. Lassen Sie den Bandanfang dabei 5–10 cm überstehen. Dieser wird später mit dem Ende zusammengenäht und bildet so einen schönen Abschluss. Stecken Sie das Schrägband mit Quernadeln fest und nähen Sie es knapp neben dem Falz, der näher an der Kante liegt, fest.

2. Nähen Sie bis kurz vor dem Bandende. Schneiden Sie die überstehenden Enden im 45°-Winkel ab, (lassen Sie aber die übliche Nahtzugabe stehen) und stecken Sie sie so rechts auf rechts zusammen, dass jeweils der Falz übereinstimmt. Nähen Sie nun die Enden zusammen. Arbeiten Sie sorgfältig, das ist etwas knifflig. Die Nahtzugabe hier auseinanderbügeln. Das Schrägband mit der Naht dann wie gewohnt auf dem Stoff feststecken und festnähen. Alternativ dazu können Sie auch ein Ende 1 cm im rechten Winkel zum Rand umklappen, und dann das andere Ende darauflegen. Feststecken und aufnähen.

3

4

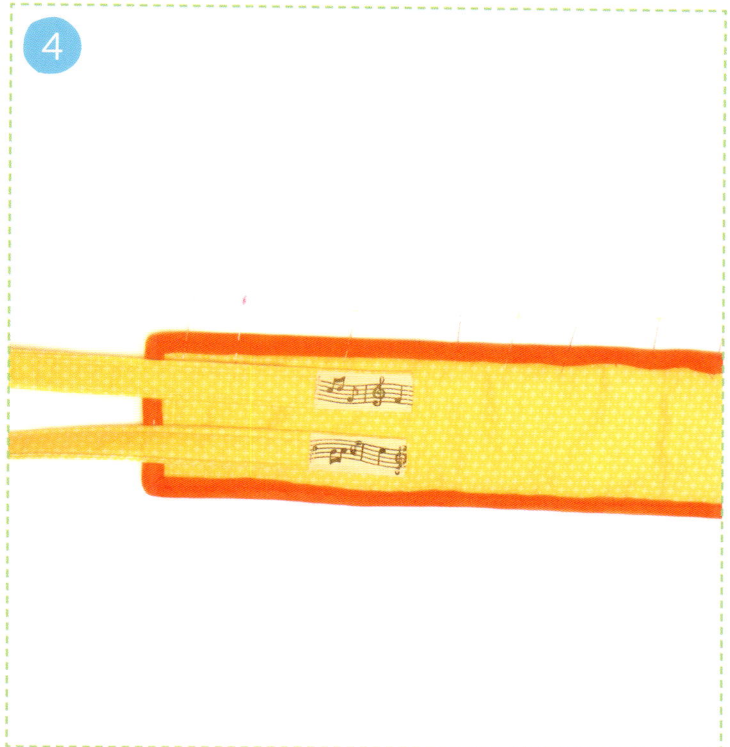

3. So nähen Sie das Band an Rundungen fest: Das Band besonders sorgfältig feststecken und dann langsam um die Kurve nähen. Am besten lässt man dabei zwischendurch die Nadel im Stoff stecken, hebt den Nähfuß, und dreht das Stoffteil etwas, dann den Nähfuß senken und weiternähen. Arbeiten Sie sich auf diese Weise langsam um die Rundung und achten Sie darauf, dass dabei keine Falten entstehen.
So nähen Sie das Band an Ecken fest: Auf die Ecke zunächst gerade zunähen, etwa 1 cm davor anhalten. Klappen Sie das Schrägband hoch und legen Sie es an der Ecke zu einer Falte, immer bündig mit den Kanten. Feststecken und wie üblich festnähen. So entsteht auf der rechten Seite eine schöne Falte.

4. Das Schrägband ist nun im ersten Falz festgenäht, bügeln Sie es von rechts hoch (achten Sie aber darauf, den zweiten Falz nicht auszubügeln), klappen Sie es ringsum über den Rand zur linken Seite und stecken Sie es fest. Dafür eignen sich auch gut kleine Clips, da es sich mit diesen leicht überprüfen lässt, ob die Längsseiten des Schrägbands genau übereinanderliegen. Achten Sie darauf, dass die Ansatznaht durch das Band vollständig überdeckt ist. Steppen Sie das Band von rechts im Nahtschatten, also möglichst knapp neben der Naht, fest.

Tragegurt

1

3

2

4

1. Um einen Tragegurt zu fertigen, zunächst das Volumenvlies mit der Klebeseite mittig auf die linke Seite des Stoffteils legen. Schlagen Sie nun die Längskanten zur Mitte hin um, sie sollten dort aneinanderstoßen. Bügeln Sie schrittweise mit Dampf die Kanten um, auf diese Weise bügeln Sie das Volumenvlies auf dem Stoffstreifen fest.
2. Lassen Sie das Teil etwas abkühlen, falten Sie den Streifen anschließend der Länge nach in der Mitte und bügeln Sie das Teil erneut, um die Kante zu fixieren.
3. Steppen Sie schließlich die Längskanten knappkantig ab, dabei hält die eine Naht die Stofflagen zusammen, und die andere dient zur Verstärkung.
4. Die offenen Kanten an den Schmalseiten werden später beim Festnähen der Bänder in den Nahtzugaben versteckt. Mit derselben Technik werden auch kleinere Bänder gefertigt, wie z. B. die Bänder des Auto-Utensilos Flitzikato (S. 67) oder die Klickschnallenlaschen des Stoffbuchs Merlu (S. 95).

Damit das Volumenvlies auch exakt in der Mitte aufgebügelt wird, können Sie zuvor mit einem großen Lineal und Kreide zwei Markierungslinien auf den Stoffstreifen (linke Seite) zeichnen.

21
2
3
4
5
6
7
8
9

FÜR ZUHAUSE

ROAAR! HÜÜÜH! PIEPS!

„Muss ich schon wieder das Shirt von meiner Schwester auftragen?" – Such dir doch ein Tier aus, dann wird aus diesem Shirt mit ein paar Nähten dein ganz persönliches.

Alle Größen

MATERIAL

Oberstoff 1 für Löwe:
18 x 12 cm Baumwollstoff in Türkis mit weißen Punkten

Oberstoff 2 für Pferd:
18 x 12 cm Baumwollstoff in Lila mit rosa Kreisen (oder Altrosa mit Retrokreisen)

Oberstoff 3 für Herz:
3 x 2 cm Baumwollstoff in Lila mit weißen Punkten

Oberstoff 4 für Vögel:
14 x 8 cm Baumwollstoff in Mango mit weißen Punkten

Vlieseinlage, doppelseitig klebend (z. B. Vliesofix):
50 x 12 cm

Garn in Türkis, Altrosa, Lila und Mango

Zur leichteren Verarbeitung können Sie das Kleidungsstück vor dem Festnähen der Applikationen auch in einen Stickrahmen spannen.

ZUSCHNEIDEN

Alle Schnittteile enthalten bereits 1 cm Nahtzugabe. Bitte den Fadenlauf und die Musterrichtung des jeweiligen Stoffs beachten. Markierungen übertragen. Für den Zuschnitt bitte Schritt 1–4 (siehe S. 28) folgen.

OBERSTOFF 1:
1 x Löwe

OBERSTOFF 2:
1 x Pferd

OBERSTOFF 3:
1 x Herz

OBERSTOFF 4:
2 x Vogel

VLIESEINLAGE:
1 x Löwe
1 x Pferd
1 x Herz
2 x Vogel

Los geht's

1

2

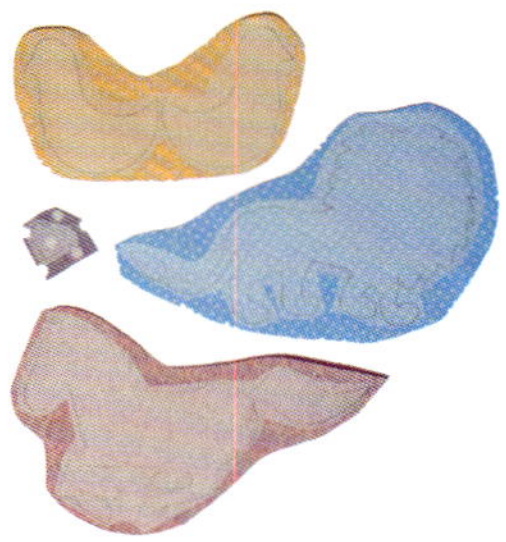

3

1. Übertragen Sie die Schnittmuster auf die Rückseite (Papierseite) der Vlieseinlage und schneiden Sie diese grob aus.
2. Legen Sie dann die Vlieseinlage mit der Klebeseite nach unten auf die linke Seite des entsprechenden Stoffes und bügeln Sie sie bei mittlerer Stufe ohne Dampf auf.

> Mit Applikationen können Sie nicht nur Flecken oder Löcher in Kleidung überdecken, sondern auch ein schönes Geburtstagsshirt gestalten, bei dem Sie z. B. Buchstaben und Zahlen kombinieren.

3. Schneiden Sie das Schnittteil exakt aus. Papier abziehen, Motiv auf die gewünschte Stelle des Kleidungsstücks legen und nach und nach jeweils 15 Sekunden mit Dampf aufbügeln.
4. Steppen Sie den Rand mit engem Zickzackstich und farblich passendem Garn ab (verwenden Sie bei T-Shirts und dünnen Jerseystoffen einen etwas längeren Zickzackstich, damit der Stoff nicht zu stark durchlöchert wird). Bei Spitzen oder Ecken nähen Sie am besten mit Zickzackstich bis zur Spitze und steppen dort einige Geradstiche, bis Sie wieder mit dem Zickzackstich weiterarbeiten können.

Fertig!

DOWNTOWN
BROOKLYN
BACK TO THE CITY

HALSSOCKE TJADE

„Dürfen wir nach draußen?" – Ja, klar, aber zieht euch noch eure schicken warmen Halssocken über!

Größe
22,5 x 23 cm

MATERIAL

Oberstoff 1 für Ober- und Unterteil:
50 x 17 cm Baumwollsweatshirtstoff in Grau mit weißen Sternen

Oberstoff 2 für Mittelteil:
50 x 12 cm Baumwollsweatshirtstoff in Pink mit weißen Sternen (oder alternativ in Blau mit weißen Sternen)

Futterstoff:
50 x 25 cm Baumwollfleece in Natur

Garn in Weiß und Grau

ZUSCHNEIDEN

Die Teile nach der Vorlage im Schnittbogen bzw. nach den angegebenen Maßen zuschneiden. Alle Schnittteile enthalten bereits 1 cm Nahtzugabe. Bitte auf die Musterrichtung und den Maschenlauf achten – der Stoff sollte sich in der Breite dehnen. Markierungen übertragen.

OBERSTOFF 1:
2 x Oberteil mit je 24,5 x 7 cm

2 x Unterteil

OBERSTOFF 2:
2 x Mittelteil mit 24,5 x 12 cm

FUTTERSTOFF:
2 x Futterteil

Los geht's

1a

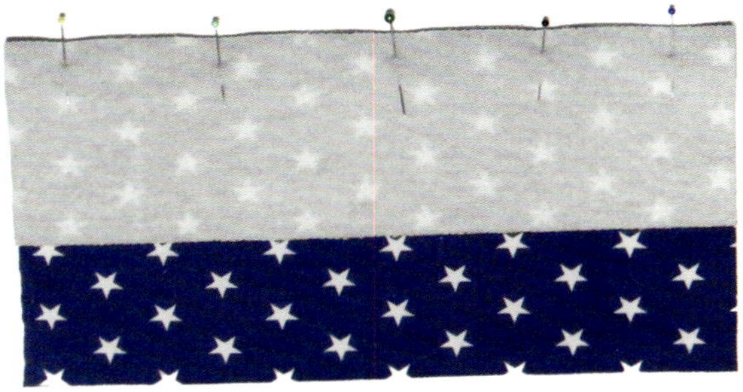

1b

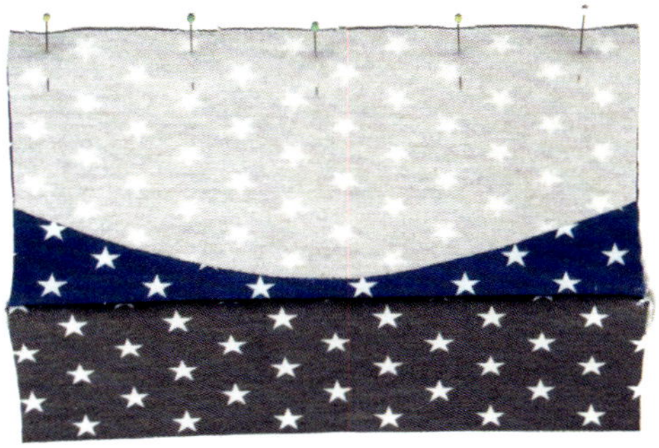

2

Stellen Sie an der Nähmaschine einen Elastikstich oder Zickzackstich ein, damit die Nähte dehnbar werden.

1. Legen Sie ein Oberteil rechts auf rechts auf das Mittelteil. An einer der Längskanten aufeinanderstecken und zusammennähen. Legen Sie nun auf die andere Längskante des Mittelteils rechts auf rechts die gerade Kante des Unterteils. Feststecken und zusammennähen. Die Nähte auseinanderbügeln. Fertigen Sie die andere Hälfte der Halssocke auf die gleiche Weise.

2. Dann eine Außenhälfte rechts auf rechts auf ein Futterteil legen. An der gerundeten Kante und der gegenüberliegenden geraden Kante feststecken und zusammennähen. Die andere Hälfte genauso verarbeiten.

Für eine leichtere Variante der Halssocke kann man die beiden Futterteile auch aus verschiedenen Jerseystoffen zuschneiden

3. Wenden Sie eine Hälfte durch eine der Schmalseiten auf rechts und legen Sie diese in die andere Hälfte so hinein, dass jeweils die Futter- und die Oberstoffteile aufeinanderliegen. Dabei sollten auch alle Nähte genau aufeinanderliegen. Stecken Sie die Schmalseiten der jeweils gleichen Stoffarten aufeinander (also Futter mit Futter und Oberstoff mit Oberstoff) und nähen Sie diese zusammen. Die andere Hälfte genauso verarbeiten, jedoch eine Wendeöffnung von 7 cm gemäß Schnittmuster frei lassen.

4. Halssocke durch die Wendeöffnung nach rechts drehen, alle Nähte nach außen schieben und Kanten bügeln. Schließen Sie die Wendeöffnung von Hand mit Matratzenstich (siehe S. 16). Nach Belieben den oberen und unteren Rand knappkantig mit einem elastischen Stich und grauem Garn absteppen.

Fertig!

SURFING
SESSION

SONNENHUT SUNNY

„Liebe Sonne, komm heraus, komm aus deinem Wolkenhaus …" – Mit diesem Sonnenhut bist du wunderbar vor den Strahlen geschützt.

Größe
26 x 46 cm

MATERIAL

Oberstoff 1 für Schirm, Mittelteil und Nackenschutz:
52 x 41 cm Baumwollstoff in Dunkelblau mit weißen Ankermotiven

Oberstoff 2 für Stirnband:
30 x 12 cm Baumwollstoff in Weiß mit dunkelblauen Ankermotiven

Vlieseinlage (z. B. Vlieseline H250) für den Schirm:
23 x 10 cm

26 cm Gummiband (2 cm breit), in Rot

Garn in Weiß und Dunkelblau

Anstatt der Vlieseinlage kann man auch ein normales neues Bodenwischtuch verwenden – einfach passend zuschneiden.

ZUSCHNEIDEN

Die Teile nach der Vorlage im Schnittbogen bzw. nach den angegebenen Maßen zuschneiden. Alle Schnittteile enthalten bereits 1 cm Nahtzugabe. Bitte auf die Musterrichtung und den Fadenlauf achten. Markierungen übertragen.

OBERSTOFF 1:
2 x Schirm

1 x Mittelteil

1 x Nackenschutz

OBERSTOFF 2:
2 x Stirnband mit je 30 x 6 cm

VLIESEINLAGE:
1 x Schirm

Los geht's

1. Versäubern Sie alle Kanten an Mittelteil und Nackenschutz mit Zickzackstich und dunkelblauem Garn oder mit einer Overlockmaschine.
2. Bügeln Sie auf die linke Seite eines Schirmteils das Vliesteil auf. Legen Sie die Schirmteile rechts auf rechts aufeinander. An der Rundung feststecken und mit dunkelblauem Garn zusammennähen. Aus der Nahtzugabe der Rundung kleine Keile herausschneiden, ohne dabei die Naht zu beschädigen. Schirm durch die offene Seite wenden. Die Naht nach außen schieben, bügeln und mit 1 cm Kantenabstand absteppen.
3. Legen Sie am Mittelteil eine Spitze rechts auf rechts auf die danebenliegende, um die V-Form zu schließen. Nähen Sie dabei knappkantig mit dunkelblauem Garn. Nähen Sie die andere Spitze genauso ab.

4

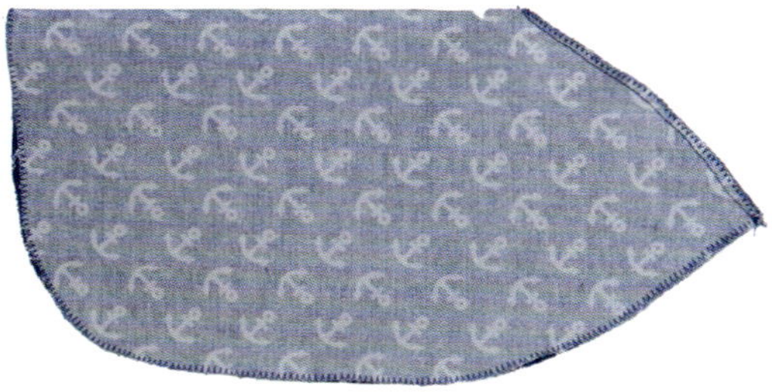

6a

6b

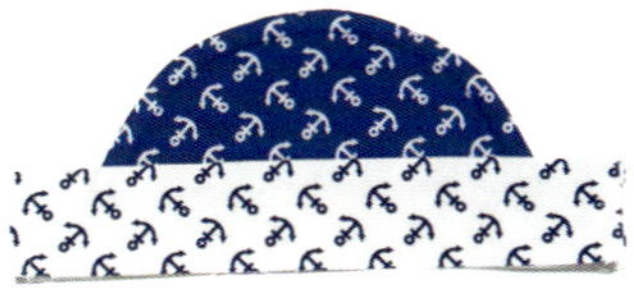

5

6c

4. Schließen Sie dann die V-Form beim Nackenschutz wie bei Schritt 3 beschrieben.
5. Klappen Sie eine Schmalseite an einem Stirnbandteil 1 cm nach links um. Bügeln Sie den Umschlag und steppen Sie ihn knappkantig mit weißem Garn fest. Die andere Schmalseite sowie die beiden am zweiten Stirnbandteil genauso umnähen.

> Um sich das Umbügeln von 1 cm breiten Kanten oder Säumen zu erleichtern, kann man einen Streifen Pappe zuschneiden und an der Längskante mit 1 cm Abstand einen Strich ziehen. Die Pappe zum Bügeln bündig unter die Kante legen.

6. Legen Sie die Stirnbandteile jeweils mit einer Längskante rechts auf rechts mittig an die Längskante des Schirms und stecken Sie sie fest, sodass der Schirm zwischengefasst ist (die Nadeln nur auf einer Seite feststecken, sonst brechen die untenliegenden beim Darübernähen ab). Dann die Teile an der Längskante durch alle Lagen zusammennähen. Stirnbandteile aufklappen und nach unten bügeln, dabei auch fortlaufend die Nahtzugaben an den überstehenden Enden umbügeln. Versäubern Sie die offenen Kanten des Stirnbands mit weißem Garn und Zickzackstich, fassen Sie dabei die Teile zusammen.

7. Schieben Sie das Gummiband 1 cm in die Öffnung an einer Schmalseite des Stirnbands und nähen Sie es fest, dabei die ganze Schmalseite und die überstehende obere Ecke schließen (damit das Band hält, mehrmals hin- und hersteppen). Das Gummiband genauso an der anderen Seite festnähen.
8. Legen Sie das Mittelteil mit der Längskante (ohne Naht) rechts auf rechts auf die versäuberte Kante des Stirnbands. Feststecken und mit weißem Garn zusammennähen.
9. Legen Sie den Nackenschutz mit der Naht mittig rechts auf rechts auf die offene Kante des Mittelteils und stecken Sie ihn bis zum Stirnband fest. Nähen Sie diesen Bereich zusammen, lassen Sie dabei die Naht jeweils zum Rand hin auslaufen.
10. Den Nackenschutz nach unten klappen und dann heißt es: Ab in die Sonne!

Fertig!

BASTELSCHÜRZE TAMMO

„Oje, ein Fleck." – Kein Problem, den beschichteten Baumwollstoff kann man einfach feucht abwischen.

Größe
58 x 57 cm

MATERIAL

Oberstoff:
140 x 75 cm beschichteter Baumwollstoff mit Karo in Petrol und Grün

Filz für Applikation (0,9 mm stark):
34 x 16 cm in Schwarz
17 x 16 cm in Weiß
4,5 x 3 cm in Orange
4 x 2 cm in Rosa

Feste Schabrackeneinlage (z. B. Vlieseline S520):
17 x 16 cm

Garn in Schwarz, Weiß, Orange und Rosa

ZUSCHNEIDEN

Die Teile nach der Vorlage im Schnittbogen bzw. nach den angegebenen Maßen zuschneiden. Alle Schnittteile enthalten bereits 1 cm Nahtzugabe. Bitte auf die Musterrichtung und den Fadenlauf achten. Markierungen übertragen.

OBERSTOFF:
2 x Schürze
2 x Bänder (Hals) mit je 45 x 12 cm
2 x Bänder (Taille) mit je 60 x 12 cm

FILZ:
1 x Kopfteil in Schwarz
1 x Kopfteil in Weiß
1 x Stirn in Schwarz
1 x Schnabel in Orange
2 x Auge in Schwarz
2 x Wange in Rosa, Scheibe mit je 1,9 cm Ø

SCHABRACKENEINLAGE:
1 x Kopfteil Weiß

Los geht's

1a

2a

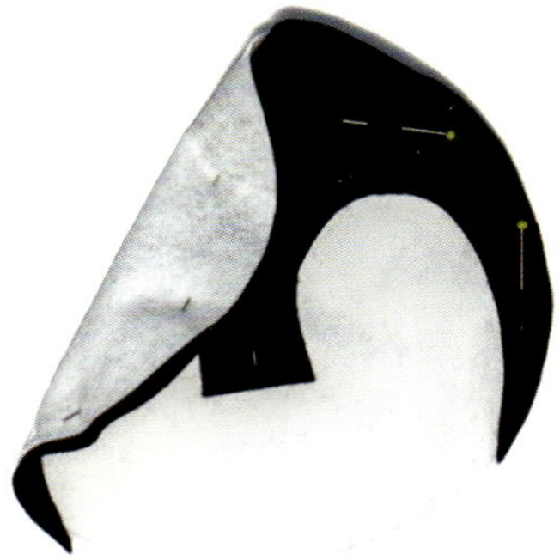

1b

2b

1. Klappen Sie eine Schmalseite an einem der Bänder 1 cm nach links um und nähen Sie sie knappkantig fest. Arbeiten Sie dann wie auf S. 22 beschrieben weiter (Tragegurt), jedoch ohne Vlieseinlage. Fertigen Sie auf diese Weise auch die anderen Bänder für Hals und Taille.

> Bügeln Sie nicht direkt auf die beschichtete Seite des Schürzenstoffes, sondern verwenden Sie dafür immer ein spezielles Bügeltuch oder ein feuchtes Baumwolltuch.

2. Für den Pinguin das Stirnteil auf das weiße Kopfteil stecken und mit schwarzem Garn und Geradstich knappkantig festnähen. Achten Sie darauf, dass die Stirn am oberen Rand etwas übersteht, damit der weiße Filz verdeckt ist. Dann die Augen aufnähen. Den Schnabel am unteren Ende der Stirn mit orangefarbenem Garn festnähen. Die Wangen seitlich platzieren und mit rosa Garn festnähen. Dann die Einlage auf die Rückseite des Kopfteils aufbügeln. Das schwarze Kopfteil auf die Rückseite legen und ringsum mit jeweils passendem Garn festnähen.

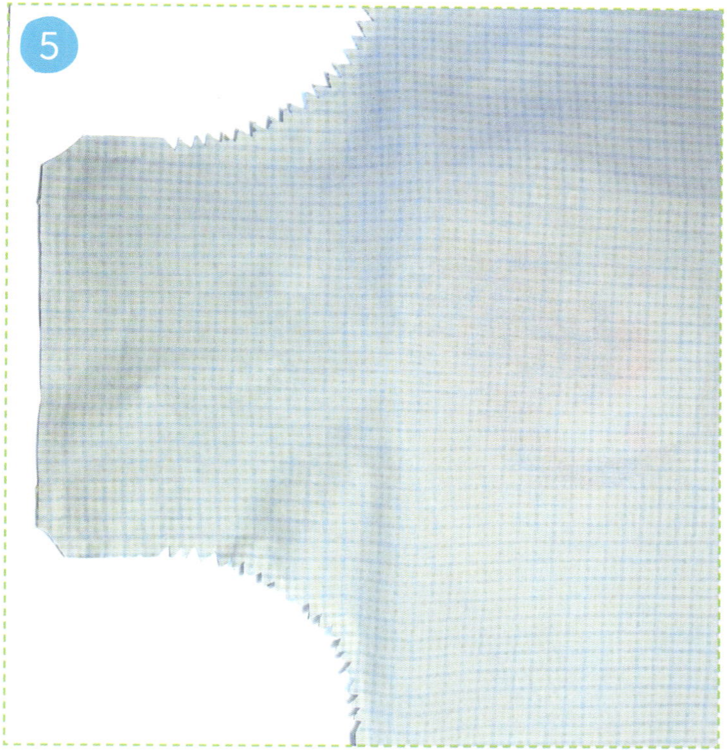

3. Den Pinguin mittig auf einem Schürzenteil platzieren und feststecken. Gemäß Schnittmuster nur am seitlichen und unteren Rand jeweils passend mit schwarzem und weißem Garn festnähen, damit das Teil als Tasche benutzt werden kann.

4. Legen Sie die Bänder für Hals und Taille gemäß Schnittmuster auf die Schürze und stecken Sie sie mit den offenen Enden nach außen zeigend fest (Nadelköpfe zeigen ebenfalls nach außen). Das zweite Schürzenteil rechts auf rechts darauflegen, feststecken und bis auf eine Wendeöffnung (10 cm am unteren Rand) festnähen. Achten Sie darauf, dass die Bänder dabei nicht an einer falschen Stelle dazwischenrutschen.

5. Schneiden Sie die Nahtzugaben an den Ecken schräg ab und an den Rundungen kleine Keile heraus, achten Sie darauf, die Naht nicht zu beschädigen. Drehen Sie die Schürze durch die Wendeöffnung nach rechts. Arbeiten Sie die Kanten und Ecken sorgfältig heraus. Steppen Sie die Schürze ringsum knappkantig ab, dabei wird die Wendeöffnung geschlossen.

Fertig!

BÜCHLEINTASCHE TRIXI

„Ich kann mich gar nicht entscheiden, welches Buch ich mitnehmen soll." – Kein Problem, in dieser Tasche ist sogar Platz für vier Büchlein.

Größe
24,5 x 12 cm
(geöffnet)

MATERIAL

Oberstoff:
43 x 22 cm Baumwollstoff in Beige
mit Rittermotiven

Futterstoff:
54 x 14 cm Baumwollstoff in Beige

Volumenvlies, aufbügelbar (z. B. Vlieseline H630):
35 x 22 cm

Filz für Applikation (0,9 mm stark):
10 x 7 cm in Braun
7 x 5 cm in Rot
4 x 2 cm in Schwarz

3,7 cm Klettband zum Aufnähen (2 cm breit),
in Beige

Garn in Beige, Braun, Rot und Schwarz

Beim Zuschneiden des Stoffs mit den Rittermotiven ist es wichtig, die Musterrichtung zu markieren – sonst stehen die Ritter Kopf!

ZUSCHNEIDEN

Alle Schnittteile enthalten bereits 1 cm Nahtzugabe.
Die Applikationsmotive sind auf dem Schnittbogen.

OBERSTOFF:
1 x Tasche mit 26,5 x 14 cm
1 x Klappe mit 7 x 7 cm
2 x Henkel mit je 8 x 18 cm

FUTTERSTOFF:
1 x Tasche mit 26,5 x 14 cm
1 x Klappe mit 7 x 7 cm
2 x Einstecklaschen mit je 10 x 14 cm

VOLUMENVLIES:
1 x Tasche mit 26,5 x 14 cm
1 x Klappe mit 7 x 7 cm
2 x Henkel mit je 4 x 18 cm

FILZ:
1 x Schild in Braun
1 x Helm in Braun
1 x Blume in Rot
1 x Feder in Rot
1 x Visier in Schwarz

Los geht's

1

3a

2

3b

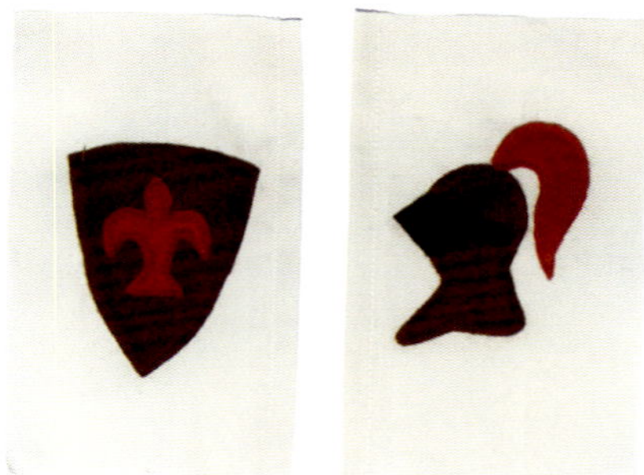

1. Fertigen Sie zuerst die beiden Henkel wie auf S. 22 (Tragegurt) beschrieben an.
2. Dann auf die linke Seite des Klappenteils aus Oberstoff das zugehörige Vliesteil aufbügeln. Das Teil rechts auf rechts auf das Futterteil stecken (darauf achten, dass die Musterrichtung später mit der der Tasche übereinstimmt) und bis auf eine Schmalseite zusammennähen. Die Nahtzugaben an den Ecken vorsichtig schräg abschneiden und Klappe wenden. Ecken und Kanten herausarbeiten und bügeln. Nun die Hakenseite des Klettbands auf der Futterseite knapp neben der geschlossenen Schmalseite feststecken und mit beigefarbenem Garn festnähen. Dabei ein möglichst gleichmäßiges Rechteck steppen, es ist später von rechts sichtbar.
3. Bei den Einstecklaschen jeweils eine der Längskanten mit Zickzackstich versäubern. Dann 1 cm nach links umklappen, bügeln und Umschlag knappkantig mit beigefarbenem Garn festnähen. Die Einstecklaschen mit der Steppkante jeweils zur Mitte zeigend und mit der rechten Seite nach oben auf die Arbeitsfläche legen. Das Schild 1,5 cm von der Steppkante entfernt auf der linken Lasche mittig feststecken und mit braunem Garn und Geradstich knappkantig aufnähen. Dann den Helm im selben Abstand auf die zweite Lasche stecken und aufnähen. Das Visier auf dem Helm platzieren und mit schwarzem Garn festnähen. Die Feder oben auf dem Helm platzieren und mit rotem Garn festnähen. Zuletzt die Blume auf dem Schild mittig feststecken und mit rotem Garn aufnähen.

4

5a

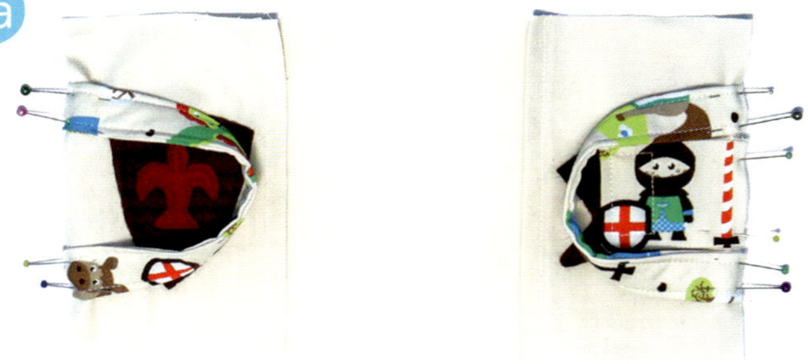

5b

4. Bügeln Sie das Vlies-Taschenteil auf die Rückseite des Taschenteils aus Oberstoff auf. Nähen Sie dann auf die rechte Stoffseite, 1,5 cm von der rechten Schmalkante entfernt, die flauschige Hälfte des Klettverschlusses mittig längs auf.

> Das praktische Täschchen ist, gefüllt mit zwei Büchlein, auch ein hübsches Geschenk. Damit es der Nutzung standhält, sollten Sie Nahtanfang und -ende immer gut vernähen.

5. Futtertaschenteil mit der rechten Seite nach oben auf die Arbeitsfläche legen. Dann jeweils bündig der Reihe nach folgende Teile auf die Schmalkanten legen: Einstecklaschen mit den Motiven nach oben und den offenen Schmalseiten außen; an der rechten Kante mittig die Klappe mit dem Klettband nach unten; die Henkel mittig mit jeweils 2,5 cm Abstand zum oberen und unteren Rand. Darauf das Taschenteil aus Oberstoff rechts auf rechts legen (auf die Musterrichtung achten) und ringsum feststecken. Alle Lagen bis auf eine Wendeöffnung (7 cm am unteren Rand) mit beigem Garn zusammennähen. Nahtzugaben an den Ecken vorsichtig schräg abschneiden und die Tasche durch die Öffnung nach rechts drehen. Alle Ecken und Kanten sorgfältig nach außen schieben und die Öffnung von Hand mit Matratzenstich schließen.

Fertig!

KÖRNERKISSEN MILOU

„Schlaf, Schäfchen, schlaf ..." – Dieses kuschelige Schäfchen hilft, kurz erwärmt, garantiert bei jeder Art von Bauchweh.

Größe 21 x 17 cm

MATERIAL

Oberstoff 1:
48 x 19 cm Baumwollfleece in Natur

Oberstoff 2:
9 x 14 cm Baumwollfleece in Hellbraun

Filz für Applikation (0,9 mm stark):
6 x 3 cm in Rosa

300 g Dinkelkerne (speziell entstaubt und erhitzt für Wärmekissen)

Trickmarker, wasserlöslich

Garn in Natur, Hellbraun, Rosa und Schwarz

ZUSCHNEIDEN

Alle Schnittteile enthalten bereits 1 cm Nahtzugabe. Bitte den Fadenlauf beachten. Markierungen auf den Stoff übertragen.

OBERSTOFF 1:
2 x Schaf

OBERSTOFF 2:
1 x Gesicht

FILZ:
1 x Nase

2 x Ohr

Los geht's

1a

1b

3

1. Legen Sie die rosa Ohrenteile gemäß Schnittmuster auf die hellbraunen, stecken Sie sie fest und nähen Sie sie mit rosa Garn und Geradstich knappkantig fest. Dann die rosa Nase mit 3 cm Abstand vom unteren Rand feststecken und ebenfalls aufnähen.
2. Mit einem Trickmarker Augenlider und Schnauze aufmalen und mit schwarzem Garn vier- bis fünfmal entlang der Linien steppen. Trickmarker ggf. mit Wasser entfernen.
3. Legen Sie den Kopf gemäß dem Schnittmuster an die entsprechende Stelle auf die rechte Seite eines Schaf-Teils und stecken Sie ihn fest. Nähen Sie ihn nun knappkantig entlang der Kopflinie mit hellbraunem Garn fest, der Ohransatz wird mit festgenäht, die Ohren selbst bleiben lose.

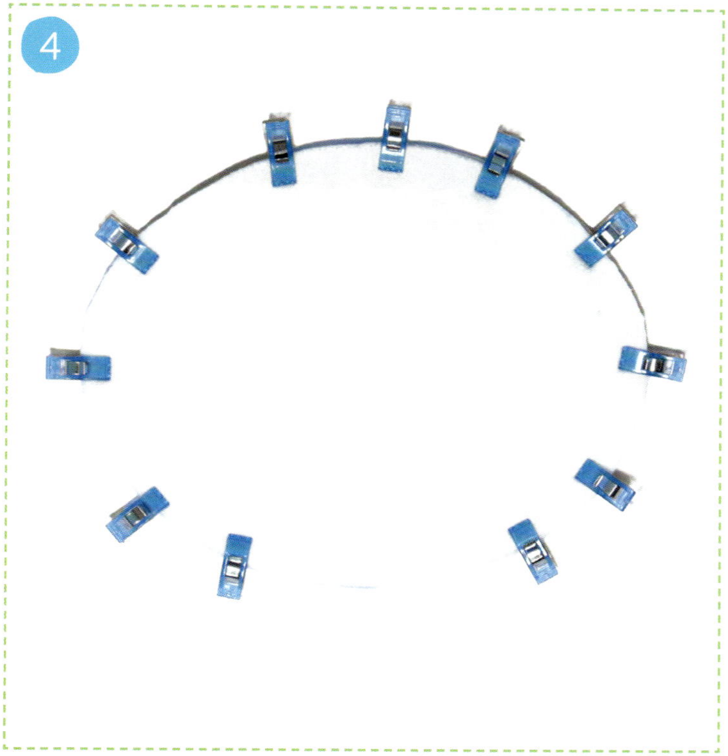

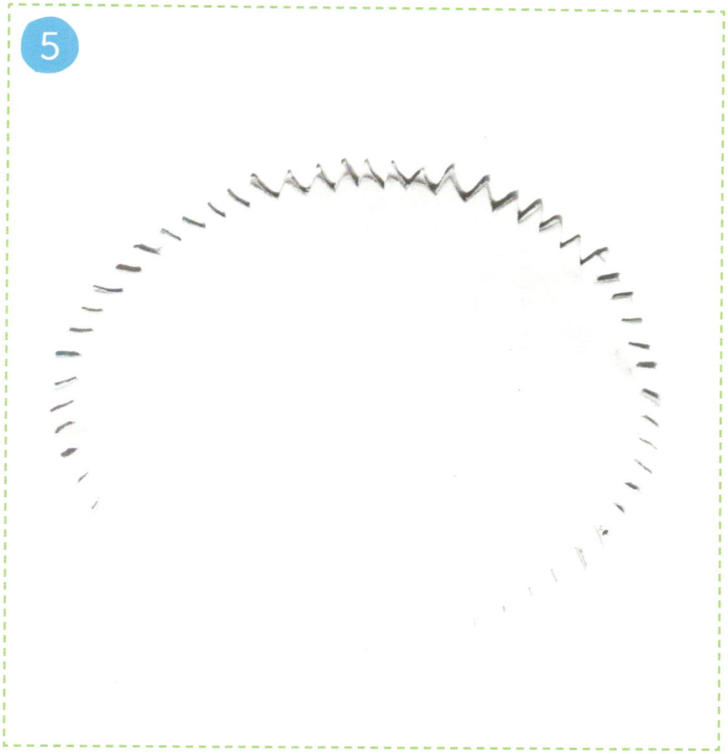

4. Klappen Sie die Ohren Richtung Gesicht und stecken Sie sie vorläufg fest (damit die Ohren nicht unter die Außennaht gelangen). Die beiden Schaf-Teile rechts auf rechts aufeinanderlegen und den Rand vorzugsweise mit Stoffclips zusammenhalten. Nähen Sie die Lagen bis auf die Wendeöffnung (siehe Schnittmuster) mit naturfarbenem Garn zusammen.

5. Schneiden Sie aus der Nahtzugabe ringsum bis auf die Wendeöffnung kleine Keile heraus, aber achten Sie darauf, die Naht nicht zu beschädigen.

6. Kissen durch die Öffnung nach rechts drehen und die Kanten nach außen schieben. Füllen Sie das Schaf mit den Dinkelkernen und schließen Sie dann die Öffnung von Hand mit Matratzenstich (siehe S. 16).

7. Das Körnerkissen ist bereit zum ersten Einsatz und kann in der Mikrowelle erwärmt werden.

Fertig!

KÜHLKISSEN AUTSCHBÄR

„Auaaa!" – Da kommt der kühlende weiche Autschbär drauf und dann geht es dir gleich wieder besser.

Größe
20 x 20 cm

MATERIAL

Oberstoff:
40 x 26 cm Baumwollstoff in Hellblau mit weißem Chevronmuster

Filz für Applikation (0,9 mm stark)**:**
3 x 3 cm in Rosa
2 x 2 cm in Schwarz

Volumenvlies, aufbügelbar (z. B. Vlieseline H630):
15 x 16 cm

Füllwatte

Trickmarker, wasserlöslich

Garn in Weiß, Rosa und Schwarz

Kühlkissen (13 x 14 cm groß)

ZUSCHNEIDEN

Die Teile nach der Vorlage im Schnittbogen bzw. nach den angegebenen Maßen zuschneiden. Alle Schnittteile enthalten bereits 1 cm Nahtzugabe. Bitte auf die Musterrichtung und den Fadenlauf achten. Markierungen übertragen.

OBERSTOFF:
1 x Vorderteil mit 15 x 16 cm

2 x Rückteil mit je 15 x 12 cm

4 x Bein

4 x Arm

4 x Ohr

FILZ:
1 x Nase in Rosa
2 x Auge in Schwarz

VOLUMENVLIES:
1 x Vorderteil mit 15 x 16 cm

Los geht's

1. Legen Sie zwei Bein-Teile rechts auf rechts aufeinander, stecken Sie sie fest, und nähen Sie sie bis auf die Wendeöffnung am Beinansatz mit weißem Garn zusammen. Schneiden Sie an der Rundung vorsichtig kleine Keile aus der Nahtzugabe heraus. Drehen Sie das Bein durch die Öffnung auf rechts und schieben Sie die Rundungen und Kanten nach außen. Stopfen Sie das Bein mit etwas Füllwatte aus. Fertigen Sie auf diese Weise auch das zweite Bein, die Ohren und die Arme.
2. Versäubern Sie eine der Längskanten an einem Rückteil mit Zickzackstich. Bügeln Sie diese Kante dann 1 cm nach links um und steppen Sie sie mit Geradstich fest. Wiederholen Sie diesen Schritt am zweiten Rückteil.
3. Bügeln Sie auf die linke Seite des Vorderteils das Vlies auf. Legen Sie die Nase mittig auf das Vorderteil, stecken Sie sie fest und nähen Sie sie mit rosa Garn knappkantig auf. Stecken Sie die Augen seitlich schräg darüber fest und nähen Sie sie mit schwarzem Garn auf. Malen Sie die Schnauze mit Trickmarker auf und nähen Sie diese Linien mit schwarzem Garn ein paar Mal nach. Trickmarker ggf. mit Wasser entfernen.

4. Legen Sie das Vorderteil mit den Applikationen nach oben auf die Arbeitsfläche und stecken Sie Beine, Arme und Ohren jeweils mit der offenen Kante bündig wie folgt darauf fest: Ohren und Beine an den oberen bzw. unteren Rand mit 3,2 cm Abstand zur nächsten Ecke, Arme an den beiden Seiten mit 5,7 cm Abstand zur oberen Ecke. Stecken Sie die Teile mit den Nadelköpfen nach außen fest. Legen Sie die Rückteile rechts auf rechts so darauf, dass die gesteppten Seiten sich mittig und quer überlappen. Feststecken oder -klammern und ringsum mit weißem Garn zusammennähen.
5. Schneiden Sie die Nahtzugaben an den Ecken schräg ab, achten Sie darauf, die Naht nicht zu beschädigen.
6. Drehen Sie die Hülle durch die Öffnung nach rechts. Schieben Sie die Ecken und Nähte nach außen und bügeln Sie sie (die wattierten Teile sollten dabei nicht flach gedrückt werden).
7. Legen Sie das Kühlkissen in die Hülle ein, dann ist der Autschbär bereit für den ersten Einsatz.

Fertig!

SITZKISSEN TIGER KIM

Ein tolles Teil für den nächsten Urwaldtrip durchs Kinderzimmer und obendrein ein weiches Polster zum Ausruhen für müde Tiger.

Größe
38 x 38 x 28 cm

MATERIAL

Oberstoff:
80 x 100 cm Baumwollcanvas in Kiwigrün

Filz für Applikation (0,9 mm stark):
19 x 17 cm in Orange
11 x 6 cm in Dunkelbraun
11 x 6 cm in Weiß

2 x 1,70 m fertiges Paspelband in Türkis

Füllwatte oder Stoffreste als Füllung

Trickmarker, wasserlöslich

Garn in Kiwigrün, Orange, Dunkelbraun und Weiß

ZUSCHNEIDEN

Die Teile nach der Vorlage im Schnittbogen bzw. nach den angegebenen Maßen zuschneiden. Alle Schnittteile enthalten bereits 1 cm Nahtzugabe. Bitte auf den Fadenlauf achten. Markierungen übertragen.

OBERSTOFF:
2 x Sitzfläche mit je 40 x 40 cm

4 x Seitenteil mit je 40 x 30 cm

FILZ ORANGE:
1 x Kopf

FILZ DUNKELBRAUN:
9 x Streifen

2 x Auge

2 x Ohr

1 x Nase

FILZ WEISS:
1 x Maul

Los geht's

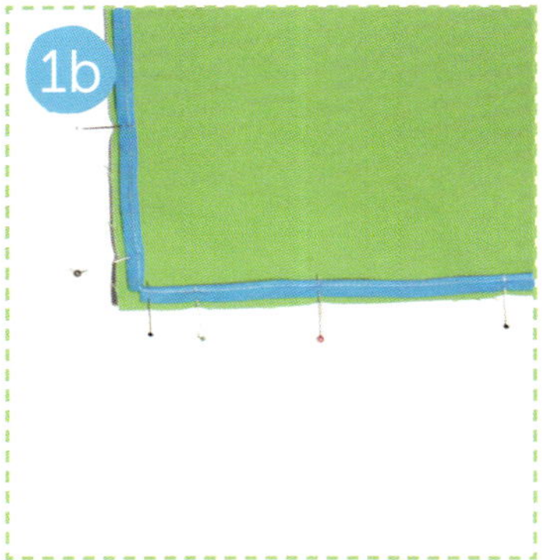

1. Als Erstes wird das Paspelband befestigt: Die Sitzflächenteile jeweils mit der rechten Seite nach oben auf die Arbeitsfläche legen. Das Paspelband mit der offenen Kante an die Kanten (oder knapp daneben) der Sitzflächenteile stecken, die Paspelnaht sollte etwa 1 cm von der Kante entfernt sein. An einer Seite (aber nicht an der Ecke) beginnen und den Bandanfang etwa 5 cm überstehen lassen. Paspelband jeweils 1 cm vor jeder Ecke einschneiden (die Naht nicht beschädigen!), und das Band dann um die Ecke legen. Wieder am Anfang angelangt, das Ende so über den Anfang legen, dass die Kordel im Band eine Linie bildet und die Enden zum Rand hin auslaufen. Mit weißem Garn genau auf der Naht des Paspelbands nähen.

2. Nun das Kopfteil auf eine Sitzfläche legen, und zwar schräg in eine Ecke. Feststecken und ringsum knappkantig mit Geradstich und orangefarbenem Garn aufnähen. Bündig mit dem unteren Kopfrand das Maul mittig auflegen und mit weißem Garn aufnähen. Dann auf den oberen Rand des Mauls mittig die Nase legen und mit dunkelbraunem Garn aufnähen. Augen und Ohren platzieren und festnähen. Am oberen Kopfrand und an beiden Seiten jeweils drei Streifen mit der Spitze zur Mitte zeigend auflegen und festnähen. Zum Schluss mit dem Trickmarker von der Nase aus Mundkonturen aufzeichnen, Linien mehrmals nachsteppen. Trickmarker mit Wasser entfernen.

> Für das genaue Aufnähen des Paspelbands eignet sich ein Reißverschlussfuß perfekt.

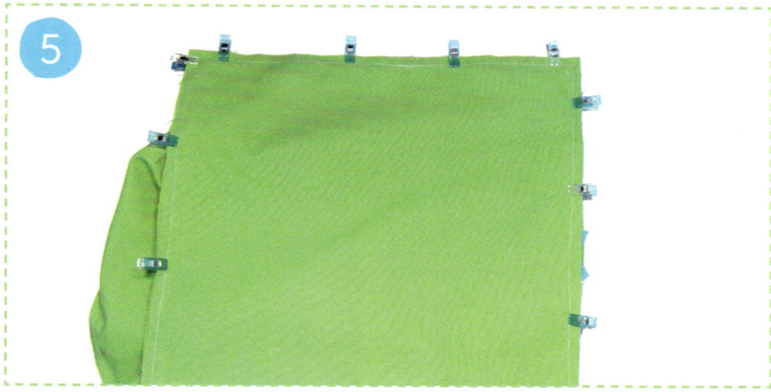

3. Legen Sie rechts auf rechts bündig ein Seitenteil mit der Längskante auf diese Sitzfläche und stecken Sie es fest (am besten auf der Seite, auf der die Befestigungsnaht des Paspelbands sichtbar ist, von dieser Seite wird auch gesteppt). Mit 1 cm Abstand von einer Ecke beginnen und mit kiwigrünem Garn entlang der Paspelnaht bis 1 cm vor der anderen Ecke nähen, Nahtanfang und -ende sorgfältig verriegeln. Die anderen drei Seitenteile auf die gleiche Weise festnähen. Darauf achten, dass sich beim Nähen kein Stoff dazwischenschiebt.

4. Stecken Sie nun die Seitenteile jeweils an den Seiten rechts auf rechts aufeinander. Beginnen Sie die Naht jeweils 1 cm von der Ecke entfernt und beenden Sie die Naht 1 cm vor der nächsten Ecke. Schließen Sie die Nähte bei den anderen Seitenpaaren auf die gleiche Weise, lassen Sie jedoch beim letzten mittig eine Wendeöffnung von 10 cm frei.

5. Stecken Sie das zweite Sitzflächen-Teil rechts auf rechts auf die offenen Kanten der Seitenteile. Legen Sie die Sitzfläche mit der sichtbaren Paspelnaht nach oben unter den Nähfuß und nähen Sie ringsum genau auf der Paspelnaht.

6. Drehen Sie das Kissen durch die Wendeöffnung nach rechts. Schieben Sie die Kanten und Ecken nach außen und bügeln Sie alle Nähte von rechts. Stopfen Sie das Sitzkissen mit Stoffresten und/oder Füllwatte aus. Schließen Sie die Öffnung von Hand mit Matratzenstich (siehe S. 16).

WAND-UTENSILO PAOLA

„Wo sind denn wieder meine Murmeln?" – Ab jetzt wissen wir ganz genau, wo sie sind. Hier gibt es drei tolle Aufbewahrungsfächer mit Guckfenster.

Größe
100 x 27 cm

MATERIAL

Oberstoff:
120 x 50 cm Baumwollcanvas in Sonnengelb

Klarfolie für Fenster (0,20 mm stark):
48 x 16 cm

Volumenvlies, aufbügelbar (z. B. Vlieseline H630):
60 x 25 cm

6,70 m Schrägband in Türkis mit weißen Punkten

1 Rundstab, 1 m lang (Ø 1,6 cm)

Garn in Sonnengelb und Türkis

ZUSCHNEIDEN

Die Teile nach der Vorlage im Schnittbogen bzw. nach den angegebenen Maßen zuschneiden. Alle Schnittteile enthalten bereits 1 cm Nahtzugabe. Bitte auf den Fadenlauf achten. Markierungen übertragen. Benutzen Sie zum Schneiden der Klarfolie eine Allzweckschere – die Stoffschere würde sonst stumpf werden.

OBERSTOFF:
3 x Rückteil mit je 20 x 50 cm

3 x Front

KLARFOLIE:
3 x Fenster mit je 16 x 16 cm

VOLUMENVLIES:
3 x Einlage mit je 20 x 25 cm

SCHRÄGBAND:
3 x 20 cm (für die obere Einfassung)
6 x 25 cm (für die Aufhängung am Stab)
3 x 110 cm (für die seitliche und untere Einfassung)
2 x 64 cm (für die Aufhängung an der Wand)

Los geht's

1

2

1. Falten Sie ein Rückteil mittig quer (linke Seite liegt innen) und bügeln Sie den Bruch ein. Klappen Sie das Rückteil wieder auf und bügeln Sie auf eine Hälfte von links ein Vliesteil auf. Wiederholen Sie den Schritt bei den anderen Rückteilen.

> Einzeln eignen sich diese Taschen auch wunderbar als Bett-Utensilo oder, an einen Kinderstuhl gebunden, um z. B. Feuchttücher aufzubewahren.

2. Nun ein Front-Teil ebenfalls mittig quer (linke Seite liegt innen) falten und den Bruch einbügeln. Die Front aufgeklappt mit der rechten Seite nach unten auf die Arbeitsfläche legen. Die Fensteraussparung an den Kanten umklappen und sorgfältig bügeln. Front-Teil wieder links auf links klappen, das Fenster aus Klarfolie dazwischenlegen und mit Clips oder Wäscheklammern fixieren (möglichst keine Stecknadeln verwenden, sie hinterlassen Löcher in der Folie). Die drei Lagen mit sonnengelbem Garn knappkantig entlang des Fensters zusammennähen. Die anderen Front-Teile genauso verarbeiten.

3. Die Oberkante (hier Bruchkante) eines Rückteils mit einem 20 cm langen Schrägband einfassen, wie auf S. 20 beschrieben, die Bandränder sollten leicht überstehen. Nun jeweils oben an den Längsseiten des Rückteils 5 cm von den insgesamt 25 cm langen Schrägbändern kantig festnähen, die restlichen 20 cm bleiben oben für die Schleifen hängen. Wiederholen Sie den Schritt bei den anderen Rückteilen.

> Knicke in der Klarfolie können Sie mit dem Föhn auf kleinster Stufe vorsichtig glätten.

4. Legen Sie eine Front mit der Bruchkante nach oben und am unteren Rand bündig auf ein Rückteil. Ein 110 cm langes Schrägband wie auf S. 20 beschrieben ringsum so anbringen, dass die anderen Bandenden davon überdeckt werden. Beginnen Sie mit dem Schrägband an einer der oberen Ecken und lassen Sie 20 cm für die Schleife überstehen. Wiederholen Sie den Schritt bei den anderen Taschen.
5. Die Taschen mit Schleifen an der Stange befestigen. Knoten Sie dann noch die 64 cm langen Schrägbänder am Rundstab fest, binden Sie sie mit einigen Zentimetern Abstand zum Stab zu festen Schleifen. Sie können das Utensilo nun an zwei Nägeln an der Wand befestigen.

Fertig!

FÜR UNTERWEGS

AUTO-UTENSILO FLITZIKATO

„Ach, wir sind schon da?“ – Mit diesem tollen Auto-Utensilo sind auch längere Fahrten garantiert nicht mehr langweilig.

Größe 40 x 60 cm

MATERIAL

Oberstoff 1:
126 x 80 cm Baumwollstoff in Natur mit Märchenwaldmotiv

Oberstoff 2:
44 x 50 cm Baumwollstoff in Mango

Volumenvlies, aufbügelbar
(z. B. Vlieseline H630): 84 x 62 cm

15 cm Klettband zum Aufnähen (2 cm breit)

Garn in Weiß und Mango

ZUSCHNEIDEN

Die Teile sind nicht im Schnittbogen enthalten, sondern werden nach den angegebenen Maßen zugeschnitten, sie enthalten bereits 1 cm Nahtzugabe. Bitte den Fadenlauf und die Musterrichtung des jeweiligen Stoffs beachten.

OBERSTOFF 1:
2 x Utensilo mit je 42 x 62 cm

2 x Fronttasche klein mit je 42 x 10 cm

4 x Fronttasche groß mit je 42 x 15 cm

OBERSTOFF 2:
4 x Band oben mit je 6 x 30 cm

2 x Gurt unten mit je 10 x 50 cm

VOLUMENVLIES:
1 x Utensilo mit 42 x 62 cm

1 x Fronttasche klein mit 42 x 10 cm

2 x Fronttasche groß mit 42 x 15 cm

2 x Gurt unten mit je 5 x 49 cm

Los geht's

1. Klappen Sie eine Schmalseite an einem oberen Band 1 cm nach links um, bügeln Sie sie und steppen Sie sie knappkantig mit Garn in Mango fest. Arbeiten Sie wie auf S. 22 (Tragegurt) beschrieben weiter (jedoch ohne Vlieseinlage) und fertigen Sie auf diese Weise alle Bänder an.

> Das Auto-Utensilo eignet sich auch für den Mittelsitz der hinteren Bank. Eines reicht für zwei Kinder.

2. Legen Sie auf die linke Seite eines unteren Gurts das zugehörige Vliesteil mit einer Schmalseite bündig und längs mittig auf. Klappen Sie die andere kurze und überstehende Seite 1 cm nach links auf das Vlies um. Umschlag bügeln und knappkantig mit Garn in Mango feststeppen. Nun die Gurte wie auf S. 22 (Tragegurt) beschrieben weiterverarbeiten. Auf eines der geschlossenen Gurtenden die Flauschseite und auf das andere die Hakenseite des Klettbands aufnähen, dabei möglichst gleichmäßige Rechtecke steppen.

3. Bügeln Sie auf die linke Seite eines kleinen Fronttaschenteils das zugehörige Vliesteil auf. Legen Sie die beiden kleinen Fronttaschenteile rechts auf rechts, stecken Sie sie aufeinander und nähen Sie sie an den Längskanten mit weißem Garn zusammen. Drehen Sie die Tasche durch die kurzen Seiten auf rechts. Schieben Sie die Nähte nach außen und steppen Sie die obere Längskante (Motivrichtung beachten!) knappkantig ab. Wiederholen Sie diesen Schritt auch bei einer großen Fronttasche. Die zweite große Fronttasche nähen Sie jedoch nur an der oberen Längskante zusammen (Motivrichtung beachten!) und steppen sie dort ebenfalls ab.

4. Auf die linke Seite eines Utensilo-Teils das zugehörige Vliesteil aufbügeln. Das Utensilo-Teil mit der rechten Seite nach oben auf die Arbeitsfläche legen. Die zuletzt genähte große Fronttasche (vliesverstärkte Seite nach oben) bündig auf die Unterkante des Utensilo-Teils legen und an den Schmalseiten und am unteren Rand feststecken (bei allen Fronttaschen ist jeweils der abgesteppte Rand oben). Von der Oberkante der Tasche 9 cm nach oben messen, die nächste große Fronttasche an der unteren Längsseite und den Schmalseiten feststecken. Die kleine Fronttasche ebenfalls mit einem Abstand von 9 cm auf die gleiche Weise feststecken.

5. Nähen Sie die kleine Fronttasche und die mittlere große Fronttasche jeweils an der unteren Längskante mit weißem Garn auf. Unterteilen Sie nun die kleine Fronttasche jeweils in gleichmäßigem Abstand mit zwei Längsnähten, und dann die beiden großen Fronttaschen mit einer Längsnaht in der Mitte.

6. Legen Sie jeweils zwei obere Bänder mit den offenen Schmalseiten aufeinander. Stecken Sie sie dann mit einem Abstand von 13,5 cm zur nächsten Ecke auf den oberen Rand des Utensilos. Die beiden unteren Gurte jeweils mit der offenen Seite auf den seitlichen Rand des Utensilos stecken, und zwar mit einem Abstand von 2 cm zur unteren Ecke (achten Sie darauf, dass der Klettverschluss nicht verdreht ist, sondern sich später gut schließen lässt).

Stecken Sie die Nadeln so, dass die Köpfe nach außen zeigen, das erleichtert das Nähen.

7. Nun die beiden Utensilo-Teile rechts auf rechts aufeinanderlegen und ringsum feststecken. Nähen Sie die Teile durch alle Lagen bis auf eine Wendeöffnung (10 cm am oberen Rand) zwischen den Bändern zusammen (achten Sie darauf, dass die Gurte und Bänder beim Nähen nicht dazwischenrutschen). Schneiden Sie die Nahtzugaben an den Ecken schräg ab, achten Sie darauf, die Naht nicht zu beschädigen.
8. Drehen Sie das Utensilo durch die Öffnung nach rechts. Schieben Sie alle Kanten und Ecken nach außen. Schließen Sie die Öffnung von Hand mit Matratzenstich (siehe S. 16).
9. Nun kann das Utensilo befüllt werden – und dann auf zur ersten Probefahrt!

ZEICHENMAPPE PEPITA

„Wann sind wir endlich da?" – Mit dieser Tasche können Mama und Papa endlich lange auf diese Frage warten.

Größe 70 x 32 cm (geöffnet)

MATERIAL

Oberstoff 1 für Außenseite:
72 x 44 cm Baumwollstoff in Türkis, Pink, Orange gemustert

Oberstoff 2 für Futterseite und Blocklasche:
72 x 46 cm Baumwollstoff in Türkis

Oberstoff 3 für Blättereinschub:
19 x 34 cm Baumwollstoff mit Federmuster

Oberstoff 4 für Stifteeinschub:
12 x 34 cm Baumwollstoff mit Zackenmuster

Volumenvlies, aufbügelbar (z. B. Vlieseline H630):
72 x 44 cm

Leichte Schabrackeneinlage (z. B. Vlieseline S320):
23 x 9 cm

7 cm Klettband zum Aufnähen (2 cm breit)

Garn in Weiß

ZUSCHNEIDEN

Die Teile sind nicht im Schnittbogen enthalten, sondern werden nach den angegebenen Maßen zugeschnitten, sie enthalten bereits 1 cm Nahtzugabe. Fadenlauf und Musterrichtung beachten.

OBERSTOFF 1:
1 x Mappe mit 72 x 34 cm
1 x Lasche mit 10 x 10 cm

OBERSTOFF 2:
1 x Mappe mit 72 x 34 cm
1 x Blocklasche mit 26 x 12 cm
1 x Lasche mit 10 x 10 cm

OBERSTOFF 3:
1 x Blättereinschub mit 19 x 34 cm

OBERSTOFF 4:
1 x Stifteeinschub mit 12 x 34 cm

VOLUMENVLIES:
1 x Mappe mit 72 x 34 cm
1 x Lasche mit 10 x 10 cm

SCHABRACKENEINLAGE:
23 x 9 cm

Los geht's

1a

1b

3

1. Bügeln Sie auf die linke Seite der Lasche (Oberstoff 1) das zugehörige Vliesteil auf. Legen Sie dann die andere Lasche (Oberstoff 2) rechts auf rechts darauf, stecken und nähen Sie sie bis auf eine Seite fest. Die Nahtzugaben an den genähten Ecken vorsichtig schräg abschneiden. Die Lasche durch die offene Seite nach rechts wenden. Die Ecken und Kanten nach außen schieben und und bügeln. Nähen Sie die Hakenseite des Klettbands auf die Laschenseite von Oberstoff 2 knapp unterhalb der mittleren Naht auf. Dabei ein möglichst gleichmäßiges Rechteck steppen, es ist später von rechts sichtbar.
2. Bügeln Sie auf die linke Seite des Mappenteils (Oberstoff 1) das zugehörige Vliesteil auf.
3. Klappen Sie eine der Längsseiten des Stifteeinschubs 1 cm zur linken Seite um und bügeln Sie die Umschlagkante. Steppen Sie sie knappkantig ab. Den Umschlag an der Längskante des Blättereinschubs auf die gleiche Weise nähen.

4. Die Schmalseiten der Blocklasche 1 cm nach links umklappen, bügeln und knappkantig absteppen. Dann ebenso die beiden Längsseiten 1 cm umklappen, bügeln und absteppen. Schneiden Sie die überlappenden Nahtzugaben an den Ecken etwas zurück. Bügeln Sie auf die linke Seite der Blocklasche die Schabrackeneinlage nach Herstelleranweisung auf (Einlage ggf. etwas kürzen, damit sie nicht übersteht).

5. Das Mappenteil (Oberstoff 2) mit der rechten Seite nach oben auf die Arbeitsfläche legen. Den Stifteeinschub mit der geschlossenen Seite zur Mitte zeigend bündig auf dem linken Mappenrand feststecken. Dann den Blättereinschub mit der geschlossenen Seite zur Mitte zeigend bündig auf dem rechten Mappenrand feststecken. Darauf wieder bündig die Lasche mit der Hakenseite nach unten mittig feststecken. Das andere Mappenteil (Oberstoff 1) rechts auf rechts darauflegen und ringsum feststecken. Bis auf eine Wendeöffnung (10 cm am unteren Rand) zusammennähen. Nahtzugaben an den Ecken abschrägen (die Naht nicht beschädigen) und die Mappe durch die Öffnung nach rechts wenden. Ecken und Kanten nach außen schieben und die Öffnung von Hand (siehe S. 16) schließen. Die Mappe ringsum knappkantig absteppen.

7

8

9

6. Klappen Sie die Mappe auf (Einschübe liegen oben) und steppen Sie parallel zur rechten Schmalseite (Blättereinschub) im Abstand von 24 cm eine Längsnaht. Steppen Sie auch parallel zum linken Rand (Stifteeinschub) im Abstand von 21 cm eine Längsnaht. An diesen Nähten wird die Mappe später gefaltet.
7. Legen Sie nun 1,5 cm vom oberen Rand mittig zwischen den Längsnähten quer die Blocklasche auf. Stecken und nähen Sie sie an den Schmalseiten fest.
8. Unterteilen Sie den Stifteeinschub quer in ca. 2,5 cm breite Abschnitte (das ergibt insgesamt 12 Stifteeinschübe) und steppen Sie diese der Reihe nach ab. Verriegeln Sie die Nähte mehrmals im Übergang zur Mappeninnenseite, da dieser Bereich später stark beansprucht wird.
9. Schließen Sie die Mappe so, dass zuerst der Stifteeinschub auf die Blocklasche geklappt und dann der Blättereinschub darübergeschlagen wird. Legen Sie die Lasche mit dem Klettverschluss um die Kanten und positionieren Sie dann die Flauschseite des Klettbands auf der Mappenaußenseite, sodass sie unter der Hakenseite der Lasche liegt. Stecken Sie das Flauschband fest und nähen Sie es von Hand auf.

> Um gerade Nähte zu erhalten, kann man ein Stück Masking Tape neben die Stichplatte der Nähmaschine und auch auf die Mappe selbst kleben – so hat man seitlich eine Orientierung.

Fertig!

NACKENROLLE VALERIE

„Auf geht's zu Oma und Opa!" – Und wenn du müde bist, dann kannst du dein Köpfchen auf diesem tollen Nackenkissen ausruhen.

Größe
33,5 x 23,5 cm

MATERIAL

Oberstoff:
80 x 27 cm Baumwollstoff in Lila mit weißem Chevronmuster

Filz für Applikation (0,9 mm stark):
12 x 8 cm in Rosa

Volumenvlies, aufbügelbar (z. B. Vlieseline H630):
80 x 27 cm

650 g Rapssamen für die Füllung

Trickmarker, wasserlöslich

Garn in Weiß, Rosa und Schwarz

Ein haushaltsüblicher Trichter erleichtert das Befüllen der Nackenrolle mit den Rapssamen.

ZUSCHNEIDEN

Die Schnittteile nach der Vorlage im Schnittbogen zuschneiden, sie enthalten bereits 1 cm Nahtzugabe. Bitte auf den Fadenlauf und die Musterrichtung achten. Markierungen übertragen.

OBERSTOFF:
2 x Katze

2 x Ohr

FILZ:
1 x Nase

2 x Ohr

VOLUMENVLIES:
2 x Katze

Los geht's

1a

2a

1b

2b

1. Legen Sie je ein Ohr-Teil aus Oberstoff und aus Filz rechts auf rechts aufeinander und nähen Sie sie bis auf die Wendeöffnung gemäß Schnittmuster zusammen. Schneiden Sie die Nahtzugabe an den Längsseiten etwas zurück und an der Spitze und den Ecken schräg ab. Drehen Sie das Ohr durch die Wendeöffnung auf rechts und schieben Sie die Spitze, Ecken und Kanten nach außen. Schlagen Sie die Nahtzugabe am Ohransatz nach innen um und steppen Sie das Teil dann ringsum knappkantig ab. Nähen Sie das zweite Ohr genauso.

2. Nun wird das Gesicht gestaltet: Dazu die Nase an passender Stelle auflegen und mit rosa Garn knappkantig festnähen. Malen Sie von der Nasenspitze aus zwei Halbkreise mit Trickmarker auf. Nähen Sie zweimal entlang dieser Linie mit schwarzem Garn und Geradstich. Zeichnen Sie für die Augen zwei flache Halbkreise oberhalb der Nase auf und nähen Sie sie dann mit schwarzem Garn zweimal nach. Stecken Sie die Ohren oberhalb der Augen fest (nicht zu weit außen ansetzen, Kantenabstand von mindestens 1 cm einhalten) und nähen Sie sie mit rosa Garn nur in der unteren Naht fest.

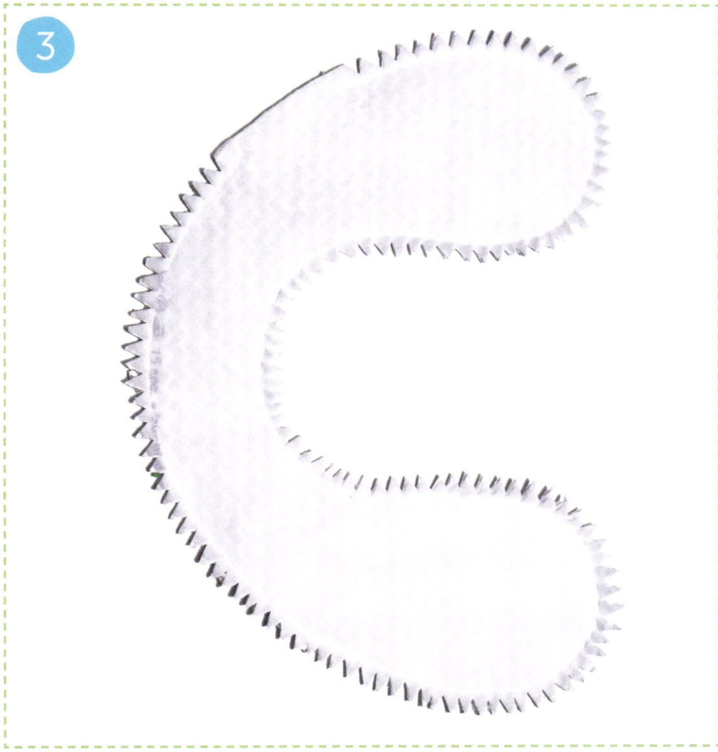

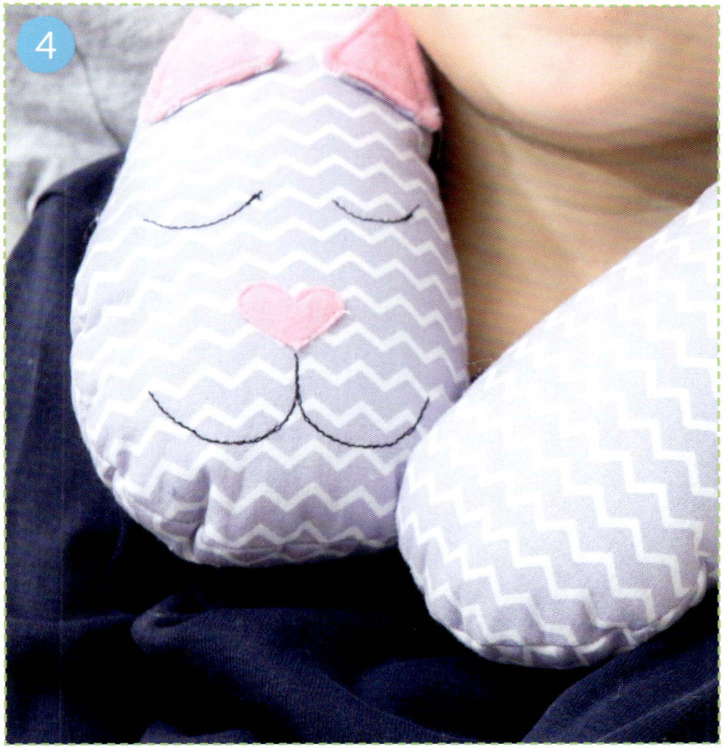

3. Legen Sie die beiden Katzenteile rechts auf rechts aufeinander. Stecken Sie sie fest und nähen Sie sie bis auf eine Wendeöffnung am äußeren Rand gemäß Schnittmuster zusammen. Schneiden Sie dann vorsichtig kleine Keile aus der Nahtzugabe heraus (jedoch nicht an der Wendeöffnung).

Die Nackenrolle mit den Rapssamen kann man in der Mikrowelle bei maximal 500 Watt eine Minute erwärmen – so löst sie auch wunderbar bei Mama Verspannungen im Nacken.

4. Drehen Sie das Kissen durch die Wendeöffnung nach rechts, ziehen Sie dabei zuerst die gegenüberliegende Seite durch. Arbeiten Sie die Kanten heraus.
5. Füllen Sie das Kissen mit Rapssamen und schließen Sie die Öffnung von Hand mit Matratzenstich (siehe S. 16, am besten noch einmal zurücknähen – sicher ist sicher!).

Fertig!

SATTELSCHUTZ PÜNKTCHEN

„Es regnet, es regnet, die Erde wird nass…“ – Aber dank dieses tollen Regenschutzes bleibt der Sattel beim Radfahren trocken.

Größe
25 x 17 cm

MATERIAL

Oberstoff:
94 x 18 cm Wachstuch in Weiß mit bunten Tupfen

60 cm Gummiband (2 cm breit)

Große Sicherheitsnadel

Garn in Weiß

Wachstuch lässt sich leichter verarbeiten, wenn man einen Streifen Backpapier zwischen Nähfüßchen und Stoff legt. Man kann einfach darübernähen und das Papier zum Schluss abreißen.

ZUSCHNEIDEN

Die beiden Schnittteile enthalten bereits 1 cm Nahtzugabe. Fadenlauf und Musterrichtung des Stoffs beachten. Markierungen übertragen. Gleichen Sie das Schnittmuster mit der Größe des Kindersattels ab und passen Sie es, falls nötig, an. Benutzen Sie für den Zuschnitt von Wachstuch eine Haushaltsschere und nicht die Stoffschere – sie würde bei diesem Material stumpf werden.

OBERSTOFF 1:
1 x Oberteil

1 x Seitenteil mit 68 x 11 cm

Los geht's

1

3

2

4

1. Legen Sie die Schmalseiten des Seitenteils rechts auf rechts aufeinander. Halten Sie sie mit Clips oder mit Wäscheklammern zusammen und nähen Sie sie zu einem Ring zusammen.
2. Klappen Sie eine Längsseite 3 cm nach links um und halten Sie sie mit Klammern fest. Nähen Sie den Umschlag bis auf eine Öffnung von 5 cm knappkantig fest, sodass ein Tunnel für das Gummiband entsteht.

> Verwenden Sie zum Zusammenhalten von Teilen aus Wachstuch ausschließlich Wäsche- oder Stoffklammern, da Stecknadeln Löcher im Stoff hinterlassen würden.

3. Legen Sie nun das Seitenteil mit der offenen Kante rechts auf rechts und bündig auf das Oberteil, klammern Sie die Teile ringsum zusammen, und achten Sie darauf, dass die Naht des Seitenteils mittig auf dem breiteren, hinteren Bereich des Oberteils liegt. Nähen Sie die beiden Lagen zusammen.
4. Ziehen Sie das Gummiband mit einer Sicherheitsnadel in den Tunnel ein. Schieben Sie dabei den Tunnel zu Fältchen zusammen. Die Enden des Gummibands 10 cm übereinanderlegen und quer am besten mehrmals hin- und hernähen.
5. Den Sattelschutz überziehen und Probe sitzen.

Fertig!

HELMSCHUTZ ANTON

„Tausend Regentropfen auf den Kopf mir klopfen..." – ... und der Kopf, der bleibt mit dieser Haube auch beim Radfahren trocken.

Größe
28 x 22 cm

MATERIAL

Oberstoff:
75 x 39 cm Wachstuch in Weiß mit bunten Tupfen

70 cm Gummiband (2 cm breit)

Große Sicherheitsnadel

Garn in Weiß

Wachstuch sollte man zum Aufbewahren nicht zusammenfalten, sonst bekommt es Knickstellen. Am besten lagert man es aufgerollt. Und nur von links mit Tuch bei niedrigster Stufe bügeln!

ZUSCHNEIDEN

Die Teile nach der Vorlage im Schnittbogen bzw. nach den angegebenen Maßen zuschneiden. Die beiden Schnittteile enthalten bereits 1 cm Nahtzugabe. Bitte auf den Fadenlauf achten. Markierungen übertragen. Gleichen Sie das Schnittmuster mit der Größe des Kinderhelms ab und passen Sie es, falls nötig, an. Benutzen Sie für den Zuschnitt eine Haushaltsschere und nicht die Stoffschere – sie würde bei diesem Material stumpf werden.

OBERSTOFF:
1 x Oberteil

1 x Seitenteil mit 75 x 17 cm

Los geht's

1

3

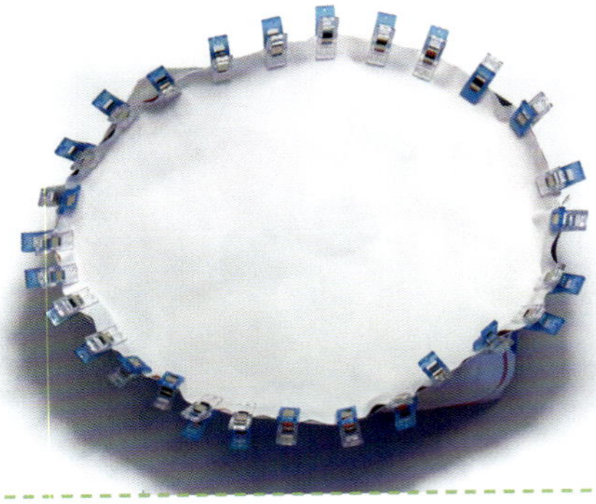

2

4

1. Legen Sie die Schmalseiten des Seitenteils rechts auf rechts aufeinander. Halten Sie sie mit Clips oder mit Wäscheklammern zusammen und nähen Sie sie zu einem Ring zusammen.
2. Klappen Sie eine Längsseite 3 cm nach links um und halten Sie sie mit Klammern fest. Nähen Sie den Umschlag bis auf eine Öffnung von 10 cm knappkantig fest, sodass ein Tunnel für das Gummiband entsteht.

Stellen Sie an der Nähmaschine eine etwas größere Stichlänge (3–4) ein, damit das Wachstuch durch die Nähte nicht zu stark durchlöchert wird, sonst könnte es einreißen.

3. Legen Sie nun das Seitenteil mit der offenen Kante rechts auf rechts und bündig auf das Oberteil, klammern Sie die Teile ringsum zusammen, und achten Sie darauf, dass die Naht des Seitenteils mittig an der kleineren Rundung des Oberteils liegt (also später dann am Hinterkopf). Nähen Sie die beiden Lagen von der Oberteilseite aus zusammen.
4. Ziehen Sie das Gummiband mit einer großen Sicherheitsnadel in den Tunnelzug ein. Den Tunnel zu Fältchen zusammenschieben. Dann die Enden des Gummibandes 16 cm übereinanderlegen und quer am besten mehrmals hin- und hernähen.
5. Nähen Sie die Öffnung am Tunnelzug zu und wenden Sie den Helmschutz nach außen.

Fertig!

SPIELBOGEN-DECKE

„Schon wieder verloren!" – Mensch, ärger dich doch nicht! Wir spielen gleich noch einmal, dann hast du eine neue Chance …

Größe
Ø 44 cm

MATERIAL

Oberstoff 1 für die Unterseite:
46 x 46 cm Baumwoll-Canvas in Dunkelblau

Oberstoff 2 für das Spielfeld:
46 x 46 cm Baumwollstoff in Pistazie/Weiß kariert

Filz für Applikation **(**0,9 mm stark):
12 x 25 cm in Weiß
12 x 6 cm in Rot
12 x 6 cm in Blau
12 x 6 cm in Gelb
12 x 6 cm in Grün

Volumenvlies, aufbügelbar (z. B. Vlieseline H630):
46 x 46 cm

Vlieseinlage, doppelseitig klebend, für die Felder, (z. B. Vliesofix): 24 x 25 cm

81 cm Webband (für Kordelführung) in Hellgrün mit weißen Sternen (1,5 cm breit)

1,65 m Kordel in Dunkelblau (Ø 0,5 mm)

1 Kordelstopper in Schwarz

1 Würfel

4 x 4 Spielfiguren in Rot, Blau, Gelb und Grün

Garn in Weiß, Rot, Blau, Gelb und Grün

ZUSCHNEIDEN

Die Teile nach der Vorlage im Schnittbogen bzw. nach den angegebenen Maßen zuschneiden. Die Schnittteile enthalten bereits 1 cm Nahtzugabe. Bitte auf den Fadenlauf und die Musterrichtung achten. Markierungen übertragen. Die Felder aus Filz wie auf S. 92 beschrieben zuschneiden.

OBERSTOFF 1:
1 x Spielfeld

OBERSTOFF 2:
1 x Spielfeld

VOLUMENVLIES:
1 x Spielfeld

FILZ:
36 x Feld in Weiß
9 x Feld in Rot
9 x Feld in Blau
9 x Feld in Gelb
9 x Feld in Grün

WEBBAND
9 x Streifen mit je 9 cm

Los geht's

1

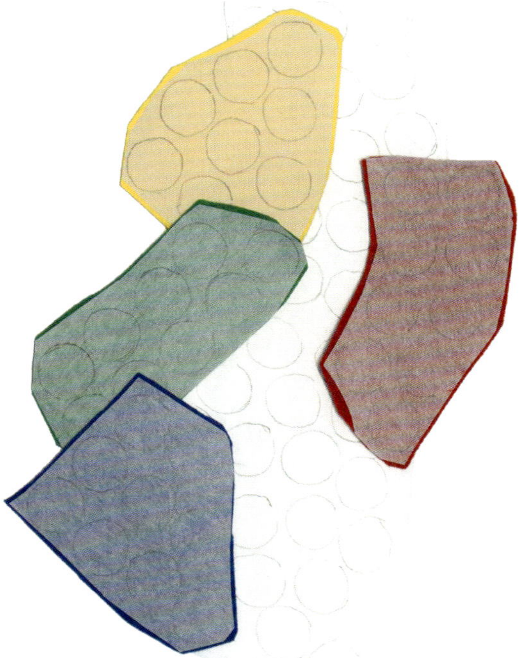

2

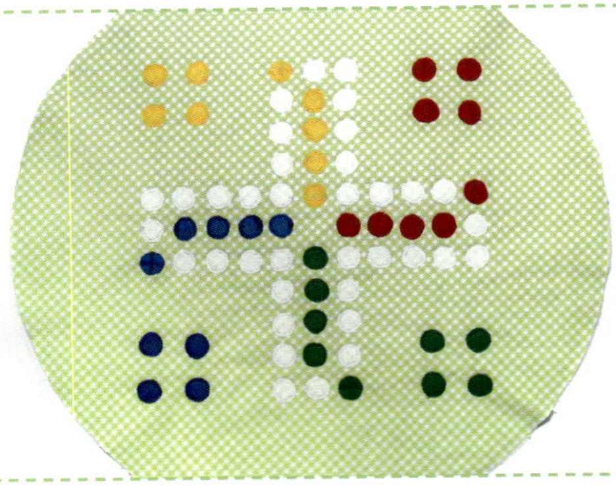

3

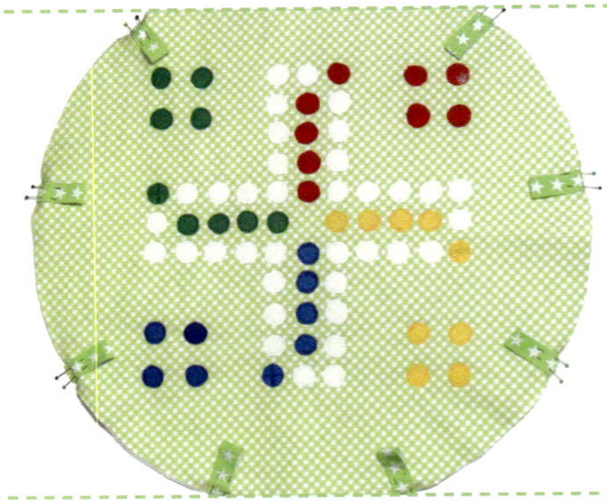

1. Bügeln Sie auf die linke Seite eines Spielfeld-Teils (Oberstoff 2) das zugehörige Vliesteil auf.
   Zeichnen Sie die Felder auf die Vliesofix-Papierseite und bügeln Sie das Vlies ohne Dampf bei mittlerer Stufe auf den jeweiligen Filz auf. Schneiden Sie alle Felder aus. Ziehen Sie das Papier ab und legen Sie die Felder mit der Vliesseite nach unten gemäß Schnittmuster auf das andere Spielfeldteil (Oberstoff 2). Legen Sie ein feuchtes Baumwolltuch auf die Felder und bügeln Sie schrittweise jeweils 10 Sekunden lang darauf.
2. Beginnen Sie bei einem Startfeld mit farblich passendem Garn und nähen Sie dann alle Felder dieser Farbe ringsum mit dichtem Zickzackstich fest. Wählen Sie dann jeweils die nächste Garnfarbe und nähen Sie wieder alle zugehörigen Felder fest.
3. Falten Sie die Bandstücke mittig quer (linke Seite ist innen), legen Sie sie mit den offenen Kanten auf den Rand des Spielfeldes, verteilen Sie sie gleichmäßig und stecken Sie sie fest.

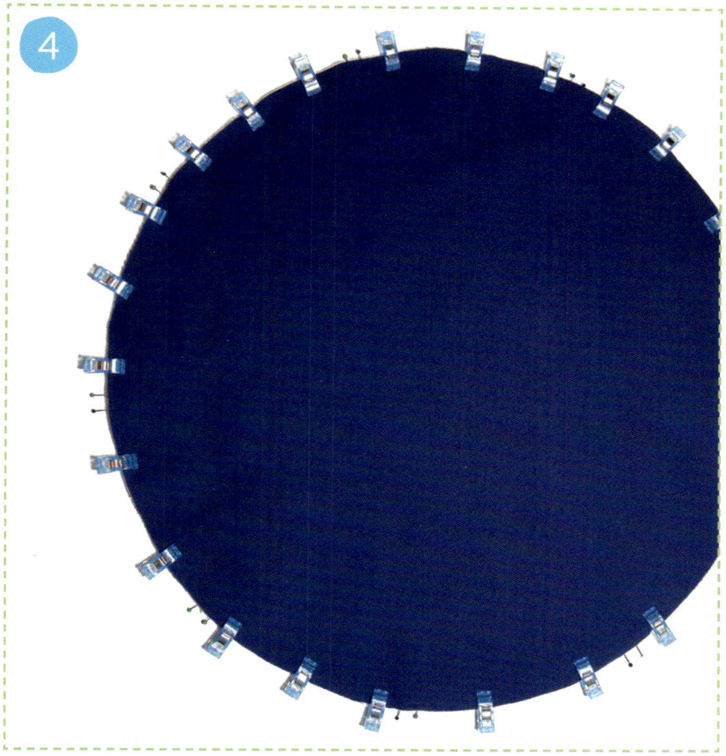

4. Legen Sie dann das andere Spielfeld (Oberstoff 1) rechts auf rechts darauf, und stecken oder klammern Sie es ringsum fest. Nähen Sie die beiden Teile bis auf eine Wendeöffnung von 10 cm ringsum mit weißem Garn zusammen.

Damit sich die Kordelenden nicht aufdrehen und durch den Stopper schieben lassen, umwickeln Sie sie am besten eng mit Klebestreifen.

5. Schneiden Sie aus der Nahtzugabe, jedoch nicht an der Öffnung, vorsichtig kleine Keile heraus.
6. Drehen Sie die Decke durch die Öffnung nach rechts und schieben Sie die Naht nach außen. Bügeln Sie die Kanten sorgfältig. Schließen Sie die Öffnung von Hand mit Matratzenstich (siehe S. 16).
7. Fädeln Sie die Kordel durch die Bandschlaufen hindurch. Schieben Sie die Enden der Kordel durch den Kordelstopper.

Fertig!

STOFFBUCH MERLU

„Wie binde ich eine Schleife?“ – Mit diesem Buch kannst du wunderbar üben, wie man verschiedene Verschlüsse auf- und zumacht.

Größe 34 x 21 cm

MATERIAL

Oberstoff 1 für Außenteil und Lasche:
36 x 30 cm Baumwollstoff in Weiß mit großen Punkten in Grün, Blau, Gelb und Pink

Oberstoff 2 für Innenteil, Lasche und Schnallenlasche: 36 x 33 cm Baumwollstoff in Hellgelb

Oberstoff 3 für Doppelseite:
36 x 23 cm Baumwollstoff in Gelb kariert

Oberstoff 4 für Doppelseite:
36 x 23 cm Baumwollstoff in Türkis

Oberstoff 5 für Reißverschlussabdeckung:
28 x 20 cm Baumwollstoff mit Monstermotiven

Filz (4 mm stark) für Knopflochmonster:
10 x 12 cm in Dunkelgelb

Volumenvlies, aufbügelbar: 72 x 38 cm

4 cm Klettband zum Aufnähen (2 cm breit)

2 Klickschnallensets in Grün und Rot (2,5 cm breit)

1 Knopf in Orange, (Ø 4 cm)

70 cm Kordel in Neonorange (Ø 4 mm)

Reißverschluss in Apfelgrün (18 cm lang)

Garn in Weiß, Schwarz und Orange, Trickmarker

ZUSCHNEIDEN

Die Teile wie angegeben und das Monster gemäß Schnittbogen zuschneiden, alle enthalten bereits 1 cm Nahtzugabe. Fadenlauf und Muster beachten.

OBERSTOFF 1:
1 x Doppelseite mit 36 x 23 cm
1 x Lasche mit 7 x 7 cm

OBERSTOFF 2:
1 x Doppelseite mit 36 x 23 cm
1 x Lasche mit 7 x 7 cm
4 x Klickschnallenlasche mit je 10 x 4 cm

OBERSTOFF 3:
1 x Doppelseite mit 36 x 23 cm

OBERSTOFF 4:
1 x Doppelseite mit 36 x 23 cm

OBERSTOFF 5:
4 x Reißverschlussabdeckung mit je 7 x 18,5 cm

FILZ: 1 x Knopflochmonster (im Schnittbogen)

VLIES: 2 x Doppelseite mit je 36 x 23 cm
1 x Lasche mit 7 x 7 cm
2 x Reißverschlussabdeckung mit je 18,5 x 7 cm

Los geht's

1a

1b

2a

1c

2b

1. Bügeln Sie auf die Rückseite der Lasche (Oberstoff 1) das zugehörige Vliesteil auf. Legen Sie die andere Lasche (Oberstoff 2) rechts auf rechts darauf, stecken und nähen Sie sie an drei Seiten fest. Schneiden Sie die Nahtzugaben an den genähten Ecken vorsichtig schräg ab. Wenden Sie die Lasche durch die offene Seite auf rechts. Schieben Sie die Ecken und Kanten nach außen, bügeln und steppen Sie sie an den Nähten knappkantig ab. Nähen Sie die Hakenseite des Klettbands auf die Laschenseite von Oberstoff 2 unterhalb der mittleren Naht auf. Steppen Sie dabei ein gleichmäßiges Rechteck.

2. Auf die Doppelseite aus Oberstoff 1 von links das zugehörige Vliesteil aufbügeln. Das Teil mit der rechten Seite nach oben auf die Arbeitsfläche legen. An der rechten Schmalseite längs mittig und mit 1,5 cm Kantenabstand die Flauschseite des Klettverschlusses feststecken und aufnähen. An der gegenüberliegenden Kante die Lasche rechts auf rechts (Hakenseite nach oben) mittig feststecken. Die andere Doppelseite (Oberstoff 2) rechts auf rechts darauflegen und ringsum feststecken. Die Teile bis auf eine Wendeöffnung (7 cm an einer Längsseite) zusammennähen. Nahtzugaben an den Ecken vorsichtig schräg abschneiden. Teil durch die Öffnung nach rechts drehen. Kanten und Ecken nach außen schieben und bügeln. Die Öffnung von Hand mit Matratzenstich schließen.

3

5a

4a

4b

5b

3. Auf eine Reißverschlussabdeckung von links das zugehörige Vliesteil aufbügeln. Stecken Sie rechts auf rechts eine Reißverschlussabdeckung ohne Vlies darauf fest. Nähen Sie die Teile bis auf eine Wendeöffnung (7 cm an einer Längsseite) zusammen. Schneiden Sie die Nahtzugabe an den Ecken vorsichtig schräg ab. Drehen Sie das Teil durch die Öffnung nach rechts. Ecken und Kanten nach außen schieben und Öffnung mit Matratzenstich schließen. Bügeln und die zweite Reißverschlussabdeckung auf die gleiche Weise nähen.
4. Legen Sie den Reißverschluss rechts auf rechts an die Längskante einer Reißverschlussabdeckung, stecken und nähen Sie ihn fest. Nähen Sie den Reißverschluss genauso an der zweiten Abdeckung fest (die Reißverschlussenden können Sie leicht schräg zurückschneiden).
5. Bügeln Sie auf die Doppelseite aus Oberstoff 4 von links das zugehörige Vliesteil auf. Legen Sie das Teil mit der rechten Seite nach oben auf die Arbeitsfläche. Legen Sie das Reißverschlussteil mittig und mit gleichmäßigem Kantenabstand auf eine der Seiten und stecken Sie es an den Längskanten fest. Steppen Sie es dort knappkantig fest.

Wenn Sie beim Feststeppen des Reißverschlusses zum Schieber gelangen, lassen Sie die Nadel im Stoff stecken, heben den Nähfuß an und führen den Schieber daran vorbei. Dann Nähfuß absenken und weiternähen.

6a

6b

6c

7

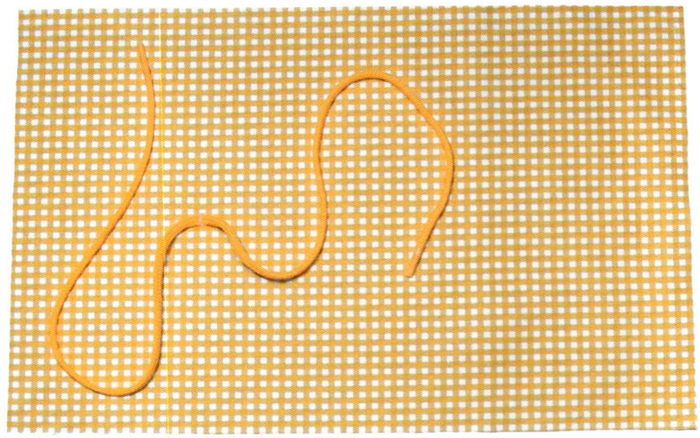

6. Das Nasenloch am Knopflochmonster gemäß Schnittmuster vorsichtig aufschneiden. Augen und Mund mit Trickmarker gemäß Schnittmuster aufmalen und mit schwarzem Garn mehrfach absteppen (bei den Augen die Stichlänge auf 1 verringern). Den Knopf auf der gegenüberliegenden Seite des Reißverschlusses mittig (7 cm von der Schmalseite und 10 cm von oben entfernt) zu den nächsten Kanten mit orangefarbenem Garn aufnähen. Das Knopflochmonster festknöpfen.

7. Die Enden der Kordel mit Klebeband umwickeln, damit sie sich nicht aufdrehen. Platzieren Sie die Kordelmitte quer auf dem linken Teil der Doppelseite aus Oberstoff 3, und zwar 9,5 cm von der Schmalseite und 11 cm von den Längsseiten entfernt. Feststecken und mehrmals mit weißem Garn über die Kordelmitte nähen. Kordel zur Schleife binden.

Für Linkshänder die Doppelseite des Stoffbuchs so gestalten, dass sich die Verschlüsse jeweils auf der linken Seite befinden und auch mit links geöffnet werden müssen.

8a

9a

9b

8b

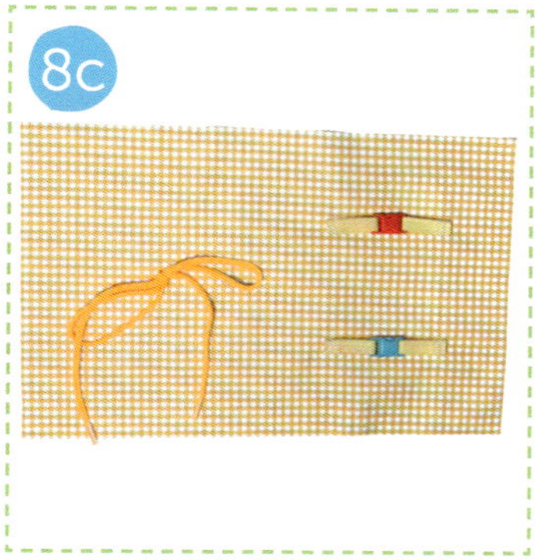
8c

10

8. Bügeln Sie die Klickschnallenlaschen an den Schmalseiten 1 cm nach links um und nähen Sie sie mit weißem Garn knappkantig fest. Nähen Sie die Laschen wie auf S. 22 (Tragegurt) fertig, jedoch ohne Vlieseinlage. Jede Lasche durch eine Klickschnallenhälfte ziehen. Laschenenden jeweils übereinanderlegen und die Laschen auf der Seite gegenüber der Kordel übereinander anordnen. Knappkantig festnähen.

9. Die Doppelseiten aus Oberstoff 3 und Oberstoff 4 rechts auf rechts aufeinanderlegen. Die Klickschnallen sollten dabei rechts auf rechts auf dem Knopflochmonster liegen und der Reißverschluss rechts auf rechts auf der Schleife. Teile ringsum feststecken und bis auf eine Wendeöffnung (7 cm an einer Längskante) zusammennähen (achten Sie darauf, dass die Schleife nicht dazwischenrutscht). Die Nahtzugaben an den Ecken vorsichtig schräg abschneiden und das Buch durch die Öffnung wenden. Schieben Sie alle Ecken und Kanten nach außen und schließen Sie die Öffnung von Hand mit Matratzenstich (siehe auch S. 16).

10. Legen Sie die Doppelseite aus Oberstoff 3 rechts auf rechts auf die Doppelseite aus Oberstoff 2 und nähen Sie mittig durch alle Lagen eine Längsnaht.

Fertig!

BROOKLYN

NOTFALLARMBAND TOMKE

Diese Armbänder sehen nicht nur richtig cool aus, sondern sind auch ein tolles Helferlein, wenn Ihr Kind mal verloren gehen sollte.

Größe
17 x 2 cm

MATERIAL

Oberstoff für zwei Armbänder:
19 x 16 cm Baumwollstoff in Orange

17 cm Webband mit Werkzeugmotiven

17 cm Webband mit orange-weißen Schrägstreifen (für das zweite Armband)

2 Druckknopfpaare (Kunststoff) in Orange, (Ø 12,4 mm)

Druckknopfzange

Stoffmalstift in dunkler Farbe

Garn in Orange

ZUSCHNEIDEN

Die beiden Armbänder nach den angegebenen Maßen zuschneiden, sie enthalten bereits 1 cm Nahtzugabe. Der Umfang des Handgelenks beträgt in dieser Anleitung 13 cm. Messen Sie am besten das Handgelenk des Kinds aus und passen Sie die Länge dementsprechend an. (Handgelenkumfang + 6 cm = Länge des Oberstoffs)

OBERSTOFF:
2 x Armband mit je 19 x 8 cm

Los geht's

1a

1b

3

2

4

1. Bügeln Sie das Armbandteil an den Enden jeweils 0,75 cm nach links um. Steppen Sie die Umschläge mit orangefarbenem Garn knappkantig fest. Stellen Sie das Band wie auf S. 22 (Tragegurt) fertig. Das zweite Band auf die gleiche Weise anfertigen.
2. Klappen Sie ein Webband an den Enden jeweils 1 cm nach links um, bügeln Sie die Umschläge und schneiden Sie an den eingeschlagenen Kanten die Ecken schräg ab. Legen Sie das Webband dann mittig auf das Armband. Stecken Sie es fest und nähen Sie es knappkantig mit orangefarbenem Garn fest.
3. Bringen Sie mit der Druckknopfzange und dem zugehörigen Aufsatz die Druckknöpfe 1 cm von den Bandenden entfernt an. Achten Sie darauf, dass Sie die Druckknöpfe auf der richtigen Seite befestigen (an einer Seite ein flacher Kopf, an der anderen Seite das Gegenstück).
4. Auf der Innenseite des Bands mit einem Stoffmalstift die Notfallnummer (z. B. Mamas Handynummer) aufschreiben und mit dem Bügeleisen fixieren.
5. Das Band einem wissbegierigen Kind ums Handgelenk legen und den Zweck der Telefonnummer erklären.

Eine tolle Idee für den Kindergeburtstag:
Jeder Gast darf ein bereits vorbereitetes Armband mit einem Webband nach Wahl verzieren, oder mit Schmucksteinen bekleben.

Fertig!

0160-1234567

FALTMATTE JOSHI

„Es war einmal am Nil, ein liebes Krokodil..." – Dieses hier wird ganz bestimmt der Hit auf der nächsten Pyjama-Party.

Größe 265 x 140 cm

MATERIAL

Oberstoff 1 für Körper, Kopf, Füße und Schwanz: 420 x 145 cm Feincord in Kiwigrün

Oberstoff 2 für Kopf und Rückenapplikation: 92 x 140 cm Baumwollstoff mit Wellenmuster in Petrol und Weiß

Filz für Applikation (0,9 mm stark):
32 x 10 cm in Weiß
2 x 4 cm in Schwarz
42 x 7 cm in Rot

Vlieseinlage, doppelseitig klebend (z. B. Vliesofix): 140 x 34 cm

2 Knöpfe in Schwarz (Ø 40 mm)

300 g Füllwatte für Kopf, Arme und Schwanz

3 Kissen für den Körper (je 80 x 80 cm)

Garn in Kiwigrün, Petrol, Rot, Schwarz und Gelb

ZUSCHNEIDEN

Die Teile nach der Vorlage im Schnittbogen bzw. nach den angegebenen Maßen zuschneiden. Alle Schnittteile enthalten bereits 1 cm Nahtzugabe. Bitte auf den Fadenlauf und die Musterrichtung achten. Markierungen übertragen.

OBERSTOFF 1:
1 x Oberteil mit je 182 x 80 cm
2 x Unterteil mit je 182 x 60 cm
2 x Kopf
8 x Fuß
2 x Schwanz

OBERSTOFF 2:
1 x Rücken (bitte Schritt 5 auf S. 107 beachten)
2 x Kopf

FILZ:
2 x Nasenloch in Schwarz
2 x Zunge in Rot
20 x Zahn in Weiß

VLIESEINLAGE:
1 x Rücken (bitte Schritt 5 auf S. 107 beachten)

Los geht's

1. Zwei Fußteile rechts auf rechts aufeinanderlegen, feststecken und bis auf eine Wendeöffnung am Beinansatz mit Garn in Kiwigrün zusammennähen. Schneiden Sie an den Rundungen vorsichtig kleine Keile aus der Nahtzugabe heraus und drehen Sie den Fuß durch die Öffnung nach rechts. Kanten und Rundungen nach außen schieben. Fuß mit Füllwatte ausstopfen. Die anderen Füße auf die gleiche Weise anfertigen.
2. Die beiden Schwanzteile rechts auf rechts legen, feststecken und bis auf die Wendeöffnung am Schwanzansatz zusammennähen. Schneiden Sie an der Rundung kleine Keile aus der Nahtzugabe heraus und drehen Sie den Schwanz durch die Öffnung nach rechts. Kanten und Rundungen nach außen schieben. Stopfen Sie den Schwanz mit Füllwatte aus.
3. Auf die rechte Seite eines Kopfteils (Oberstoff 1) an den vorderen Rand 10 Zähne legen, und zwar mit der Spitze nach innen zeigend und einem Abstand von 1,5 cm zueinander. Zähne feststecken. Nun ein weiteres Kopfteil (Oberstoff 2) rechts auf rechts darauflegen, feststecken und bis auf die Wendeöffnung am Hals zusammennähen. Aus der Nahtzugabe aller Rundungen vorsichtig kleine Keile herausschneiden und die Kopfhälfte dann durch die Öffnung nach rechts wenden. Die zweite Kopfhälfte auf die gleiche Weise anfertigen. Stopfen Sie eine Kopfhälfte etwas stärker mit Füllwatte aus, die flachere wird der Unterkiefer. Auf die prallere Hälfte (auf die Seite aus Oberstoff 1) die Augen von Hand mit gelbem Garn aufnähen, und die Nasenlöcher dann mit schwarzem Garn.

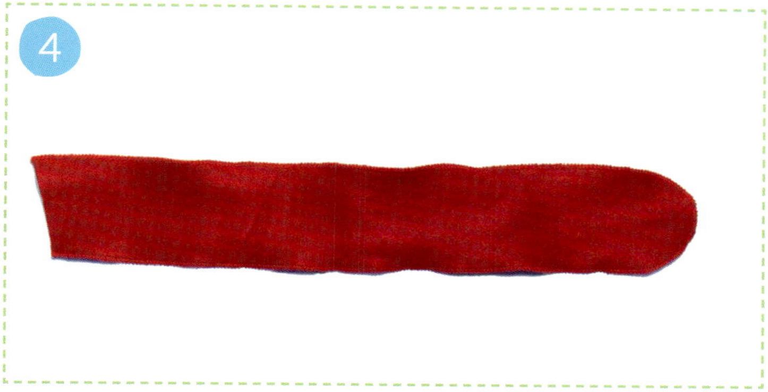

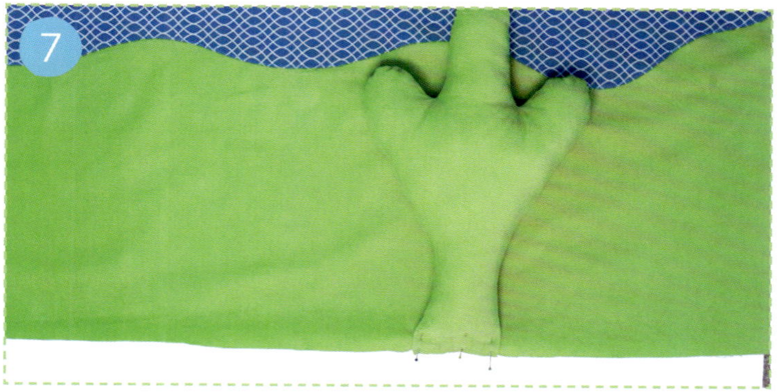

4. Die beiden Zungenteile aufeinanderlegen und ringsum an den Rändern mit rotem Garn und Zickzackstich zusammennähen.
5. Applizieren Sie das Rückenteil auf das Oberteil: Dazu auf die Papierseite der Vlieseinlage das Rückenteil aufzeichnen und grob ausschneiden. Die Vlieseinlage mit der rauen Seite nach unten auf die linke Seite des Rückenteils (Oberstoff 2) legen und bei mittlerer Stufe aufbügeln. Dann das Teil exakt ausschneiden und das Papier von der Vlieseinlage abziehen. Das verstärkte Teil mittig auf das Oberteil legen und eventuell feststecken, damit es beim Aufbügeln nicht verrutscht. Ein feuchtes Tuch darauflegen und das Teil, beginnend an einer Schmalseite, schrittweise jeweils 10 Sekunden aufbügeln (Nadeln ggf. nach und nach herausnehmen). Das Rückenteil dann mit Zickzackstich und Garn in Petrol ringsum festnähen (siehe auch Applikationen auf S. 27).
6. Klappen Sie an jedem Unterteil eine Längskante in einer Breite von 1 cm doppelt nach links um, bügeln Sie den Umschlag und nähen Sie ihn fest.
7. Das Oberteil mit der rechten Seite nach oben auf die Arbeitsfläche legen. An den Längskanten mit einem Abstand von 48 cm zu den Schmalkanten die Füße nach innen zeigend feststecken (dabei sollten die Nadelköpfe immer nach außen zeigen, der Rand frei von Füllwatte sein und die offenen Kanten aller Schnittteile genau übereinanderliegen. Das erleichtert später das Zusammennähen).
8. Legen Sie die Unterteile rechts auf rechts so darauf, dass die offenen Seiten bündig mit dem Rand liegen und die umgenähten Kanten sich in der Mitte überlappen. Stecken Sie die Teile an den Längskanten sorgfältig fest und nähen Sie sie dort zusammen. Klappen Sie dann die Unterteile nach außen.

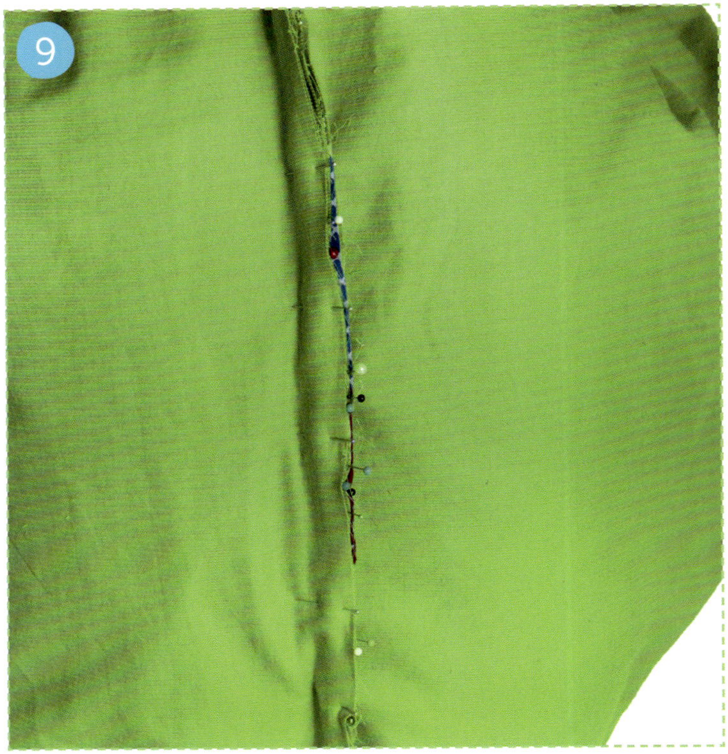

9. Den Schwanz mit der Spitze nach innen zeigend mittig auf eine Schmalkante des Oberteils legen und feststecken. Auf die gegenüberliegende Schmalkante des Oberteils die Kopfseite mit den Augen rechts auf rechts legen, die Maulspitze soll nach innen zeigen, feststecken. Darauf mittig die Zunge legen und feststecken. Dann den flacheren Kopfteil darauflegen (Oberstoff 2 auf Oberstoff 2) und feststecken. Legen Sie nun die Unterteile wieder überlappend aufeinander und stecken Sie sie ebenfalls an den Schmalkanten fest. Nähen Sie die Teile an den Schmalseiten jeweils sorgfältig aufeinander.

10. Die Nahtzugaben an den Ecken zurückschneiden (nicht in die Naht schneiden!) und die Matte durch den großen Schlitz in der Mitte wenden. Ecken und Kanten nach außen schieben.

11. Den Körper in drei Bereiche mit je 60 cm aufteilen und mit Garn in Petrol nur im Bereich des applizierten Rückenteils quer absteppen. Kissen von unten durch die Öffnung hineinschieben.

Für eine Matratze ohne Tierform reichen 242 x 200 cm Stoff. Zuschnitt: Oberteil 242 x 80 cm, Unterteile je 242 x 60 cm. Nur Step 6, 8 (hier gleich Schmalkanten mitfassen), 10 und 11 (hier in vier Bereiche aufteilen) befolgen. Die Füllung besteht aus 4 Kissen.

Fertig!

SCHLÜSSELBAND LIESBETH

„Liesbeth allein zu Haus ...“ – An diesem schönen Band ist der Haustürschlüssel immer parat und wird auch im Rucksack ganz schnell gefunden.

Größe
44 x 2,3 cm

MATERIAL

Oberstoff:
83 x 9 cm Baumwollstoff in Rot
mit weißen Punkten

83 cm Webband in Grün mit Fliegenpilzen

Volumenvlies, aufbügelbar (z. B. Vlieseline H630):
83 x 4,5 cm

1 Karabinerhaken (18 mm breit)

Schlüsselringe in beliebiger Form, hier Blüten

Garn in Rot und Grün

ZUSCHNEIDEN

Den Stoffstreifen und das Vlies nach den angegebenen Maßen zuschneiden, 1 cm Nahtzugabe ist bereits enthalten. Beim Zuschnitt bitte den Fadenlauf und die Musterrichtung beachten.

OBERSTOFF:
1 x Schlüsselband mit 83 x 9 cm

VOLUMENVLIES:
1 x Streifen mit 83 x 4,5 cm

Los geht's

1. Fertigen Sie aus dem Stoffstreifen wie auf S. 22 (Tragegurt) ein Band an. Verwenden Sie zum Nähen rotes Garn.
2. Legen Sie das Webband mittig auf das fertige Band, stecken Sie es mit Quernadeln fest und nähen Sie es mit grünem Garn knappkantig an den Längsseiten fest.
3. Fädeln Sie den Karabinerhaken auf das Band. Legen Sie dann die Enden des Schlüsselbands rechts auf rechts aufeinander, stecken Sie sie und nähen Sie sie knappkantig zusammen.
4. Wenden Sie die Naht nach innen und schieben Sie den Karabinerhaken bis knapp neben die Naht. Steppen Sie daneben ein Quadrat von 1,5 cm (innerhalb des Webbands) und darin noch ein Kreuz. So ist die Naht besonders haltbar.

Im gleichen Stil können Sie auch eine echte Hundeleine oder eine aus Stoff zum Spielen herstellen. Dafür einfach die gewünschte Länge ausmessen und dann entsprechend zuschneiden.

Fertig!

SOS-TIPPS

Für die diversen Nähprobleme finden Sie hier Tipps für schnelle Lösungen, damit es mit dem Projekt zügig weitergehen kann.

DIE NAHT SIEHT UNSCHÖN AUS

Fädeln Sie den Oberfaden an der Nähmaschine neu ein. In den meisten Fällen ist dieser mit beteiligt an unschönen Nähten. Überprüfen Sie auch die Fadenspannung (je nach Nähmaschine ist sie unterschiedlich einzustellen, am besten lesen Sie dazu die Bedienungsanleitung). Merken Sie sich den Ausgangswert und verändern Sie die Spannung in kleinen Schritten. Zum Probenähen ein kleines Muster vom Originalstoff verwenden. Prüfen Sie auch, ob die Nadel richtig eingesetzt ist. Besonders beim Austauschen der Nadel ist darauf zu achten, dass das Öhr in die richtige Richtung zeigt und die Nadel tief genug eingesetzt wird (Details dazu finden Sie ebenfalls in der Bedienungsanleitung der Nähmaschine).

DER STOFF WIRD BEIM NÄHEN NICHT GLEICHMÄßIG TRANSPORTIERT

Eventuell haben sich Flusen im Transporteur verfangen. Dazu einfach den Transporteur mit einem Pinsel reinigen. Wenn Sie Wachstuch oder beschichteten Baumwollstoff verarbeiten, funktioniert der Stofftransport oft deshalb nicht, weil der Nähfuß nicht wie üblich über den Stoff gleitet, sondern am Material „klebt". Abhilfe schafft man, indem man unter dem Nähfuß einen kleinen Klebestreifen befestigt, oder einen Streifen dünnes Butterbrot- oder Backpapier zwischen Wachstuch und Nähfuß mitnäht. Dieses kann später einfach abgerissen werden. Natürlich ist für diese Fälle auch ein Teflon-Nähfuß hilfreich.

DER OBERFADEN REIßT

Dafür kann es einige Ursachen geben. Überprüfen Sie, ob die Fadenspannung vielleicht zu hoch eingestellt ist und verringern Sie sie probehalber. Fädeln Sie den Oberfaden erneut ein und gehen Sie dabei nach Bedienungsanleitung vor, um keine Öse auszulassen. Ansonsten sollten Sie auch das Garn überprüfen. Altes oder minderwertiges Garn reißt gerade bei anspruchsvollen und dicken Stofflagen schneller als ein hochwertiges Markengarn. Verwenden Sie am besten „Allesnäher" von renommierten Herstellern, die für unterschiedlichste Stoffe geeignet sind, und denken Sie daran, auch den Unterfaden auszutauschen.

DER STOFF WELLT SICH

Vielleicht wurde der Stoff zu sehr beim Nähen gezogen und zieht sich danach wieder zusammen – dadurch entstehen Wellen. Meist hilft hier nur noch Auftrennen und erneutes Nähen. Achten Sie bereits beim Nähen darauf, dass Sie keinen Zug auf den Stoff ausüben. Halten Sie die Schnittteile sorgfältig mit Stecknadeln oder Stoffklammern zusammen. Wenn Sie schon etwas geübter sind, können Sie die Nadeln im Stoff stecken lassen und langsam über sie hinwegnähen. Das verhindert ebenfalls, dass sich die Lagen verschieben und zu viel Zug ausgeübt wird. Ansonsten ist es hilfreich, schwierige Nähte vorab mit kleinen Stichen zu heften.

EIN LOCH IM STOFF

Falls Sie versehentlich in den Stoff geschnitten haben, können Sie kleine Löcher per Hand vorsichtig stopfen, am besten mit einem Gewebefaden. Oder Sie bügeln von links ein kleines Stück Vlieseinlage darüber. Falls es der Schnitt erlaubt, können Sie ein Fältchen abnähen, oder auch mehrere, um sie als Zierelemente einzusetzen. Ansonsten ist dies eine gute Gelegenheit, das Stoffteil mit einer Applikation zu verzieren (siehe auch S. 27-28).

The original cuban cigars

DANKSAGUNG

Ganz herzlich möchte ich mich bei der Edition Michael Fischer bedanken, für die erneute Möglichkeit ein so tolles Buchprojekt zu verwirklichen. Außerdem bei meiner Lektorin Heike Fröhlich für die tolle Zusammenarbeit. Ein großes Dankeschön geht an Buttinette, FabFab (Stoffe.de), Alles-für-Selbermacher, Gütermann, Snaply und Frau Tulpe für das freundliche Bereitstellen der tollen Stoffe und des Nähzubehörs. Und natürlich auch an die tollen Fotoshooting-Kids! Ein liebes „Danke" geht an meine Eltern, Schwester und alle anderen, die mir lieb sind.

Aus tiefstem Herzen ein großes Danke an meinen wundervollen Ehemann für das tägliche Rückenfreihalten, die tolle Hilfe und das Bestärken in jeder Situation und zu guter Letzt natürlich an meine großartigen Kinder für die täglichen Inspirationen.

ÜBER DIE AUTORIN

Swantje Lindemann kommt aus einer kreativen Familie. Seit ihrer Kindheit liebt sie Handarbeiten, Stoffe, Design und Basteln und alles was damit zu tun hat und gibt diese Leidenschaft auch an ihre kleinen Kinder weiter. Im Mai 2016 ist ihr erstes Buch „Kindertaschen nähen" im EMF-Verlag erschienen.

Auf ihrer kreativen Internetseite www.swantjelindemann.de schreibt sie von ihren neuesten Ideen und vertreibt liebevoll gefertigte Unikate und Anleitungen.

SINGER

REGISTER

IMPRESSUM

Bibliografische Information der Deutschen Bibliothek.

Die Deutsche Bibliothek verzeichnet diese Publikation in der deutschen Nationalbibliografie.

Detaillierte bibliografische Daten sind im Internet über http://www.d-nb.de/ abrufbar.

EIN BUCH DER EDITION MICHAEL FISCHER

1. Auflage 2017

Bildnachweis

© Patrick Wittmann, München: 2/3, 5, 6/7, 8, 23, 26, 29, 30, 34, 39, 41, 44, 48, 52, 56, 60, 66, 71, 72, 77, 78, 82, 85, 86, 89, 90, 94, 100, 103, 104, 109, 110, 113
shutterstock: 10/11, 24/25, 64/65 © 123object, 13 © Y Photo Studio, © 15 EasterBunny, 115 © ajlatan
Autorenporträt © Photo Lounge b14, Kempen
Alle anderen © Swantje Lindemann

Covergestaltung: Silvia Keller
Layout: Fabio Schaffer
Redaktion: Heike Fröhlich
Lektorat: Gisela Witt, München

ISBN 978-3-86355-708-9

Printed in Slovakia

www.emf-verlag.de